光天化日搶錢

Daylight Robbery

How Tax Shaped Our Past and Will Change Our Future

稅賦如何形塑過去與改變未來？

多米尼克・弗斯比
Dominic Frisby ——著　王曉伯——譯

獻給山繆、伊莉莎、蘿菈以及弗爾戴

我深愛你們

目次

各界讚譽

為什麼明明收稅有助於國家的發展，但對人民來說總是深痛欲絕呢？本書深入淺出地研究了各種萬萬稅的歷史，原來人類萬萬稅可以追溯到美索不達米亞。除了歷史外，也提供了一些對於未來與公平正義的稅收分析，也許能解答我們多年來的疑問。

——Cheap／歷史 YouTuber

稅務就如同天秤上的砝碼，另一端承載著國家與人民，隨著國家文明的興衰，天秤也隨之上下擺動，而稅務的最偉大之處，正是在搖擺不定之間，找尋出最適當的平衡。

——江仲淵／「歷史說書人 History Storyteller」團隊創辦人

班傑明·富蘭克林曾說：「世界上只有兩件事是不可避免的，那就是繳稅和死亡。」原本以為稅很恐怖，作者從蘇美王國講到未來烏托邦，從耶穌講到愛因斯坦，從金字塔講到月球……稅的歷史竟然可以那麼有趣。

——胡碩勻／《節稅的布局》及《重複的力量》作者、信達聯合會計師事務所所長

即使在財政赤字貨幣化的年代，政府仍不會取消稅賦，因為有借有還，才會再借不難。政府能不斷借債而又保證還錢的原因正如本書所說，政府可以在光天化日之下搶錢。透過歷史的回顧，這本書生動地敘述了各種收稅的方法，以及引起的對策，包括未來加密貨幣可能帶來的衝擊。

——劉瑞華／清華大學經濟系教授

第一章 光天化日下搶劫

課稅的藝術，是盡力拔最多的鵝毛，但讓牠們發出最小的聲音。(1)

尚—巴普蒂斯特．科爾伯特（Jean-Baptiste Colbert），路易十四的財政大臣（一六六一—八三）

一六九〇年代初期，英王國庫虛空，亟需錢用。會陷入如此的境況是威廉王（King William）與他的國會自找的。他們為了爭取民心而取消一項招人痛恨的稅目。現在他們卻是兩手空空。

怎麼辦？

英國家家戶戶都有一座壁爐，而早在一〇六六年諾曼人入侵之前，英國人就得繳納壁爐稅，當時稱為煙囪稅或煙管稅，通常是繳交給教會。但是到了一六六二年，壁爐稅正式成為法令。每戶價值超過二十先令（大約相當於今天的五千美元）的房屋，每年須為其每座壁爐繳納兩次壁爐稅，每次一先令。(2) 此舉使得原本無須繳納直接稅的人民突然意識到自己變成課稅的對象，甚至連貧戶也須繳稅。稅務員皆為傭金委任制，會「滴水不漏地行使他們的權力。」他們會每隔六個月進入人民屋內檢查壁爐數量，此舉嚴重侵犯到英國人視為神聖的隱私；更糟的是，這個主意竟出自法國。英國人痛恨壁爐稅，排山倒海的民怨在一六八八年光榮革命時爆發。

威廉與瑪麗體悟到這是一個新王朝可以迅速贏得民心的方式，於是取消壁爐稅，「藉以紀念國王陛下印刻在王土之內的每座壁爐上，永垂不朽的德政」。

然而這也迎來了一個大問題。威廉為了驅逐前任國王詹姆斯二世，欠了荷蘭人鉅額貸款；與愛爾蘭的衝突，以及在歐陸的作戰即所謂的九年戰爭，皆迫使他必須支付龐大軍費。此外，他還得對付詹姆斯二世在蘇格蘭的盟友，同時，國內尚有一場小型的匯率危機在等著他。

這麼多錢該怎麼付？

一六九六年，他找到一個解決方案。不用想也知道，就是開徵新稅：針對房屋、光線與窗戶課稅，也就是著名的窗戶稅。

現在，稅務員只須經過某人的房屋，在屋外計算窗戶的數目即可。他不必闖入屋內，不會有侵犯隱私的問題。他也無須與納稅義務人接觸，後者也不必承擔申報的責任。你無法隱藏窗戶，因此也無法逃稅。拜壁爐稅之賜，稅賦制度已經建立。此一稅目看來相當公平，某人的屋宅窗戶愈多，象徵這人愈富有，繳稅的能力也就愈高。

和政府眾多的永久性立法一樣，窗戶稅最初僅是暫時性的。該稅制甫推出時稅率頗低，每棟最多擁有十扇窗戶的房屋也僅須固定繳納二先令的稅款。但是時日一久，稅率也告上漲。

沒過多久，人民便不再繳稅，轉而開始掩蔽他們的窗戶。到了一七一八年，政府發現窗戶稅的徵收已不如原先預期。政府當局的因應方式並非降低稅率，而是增加。結果造成民間出現更為極端的避稅手段。有人在興建房屋時刻意減少開窗的數量，有人將窗戶用磚塊封住，留待日後需要時再鑿壁引光。也有人乾脆建一棟整層臥室全無開窗的房子。在那個尚未發明以電力、煤氣與燃油來照明，而須使用有煙火焰、牛油蠟燭與燈草（浸在油脂內的蘆葦）的時代，遮蔽住日光與新鮮空氣的進入不可謂犧牲不大。

一七四六年，英國國王喬治二世政府推出了醫學期刊《柳葉刀》（*The Lancet*）批評其為「對光課稅，荒唐至極」的玻璃稅。約翰．史都華．米爾（John Stuart Mill）指出，自此之後，這兩項稅目便成為「導致畸形建築物的罪魁禍首」，卻也同時成為一百五十年來的建築指導原則，決定了英國與法國（同樣課徵門窗稅）村鎮與城市的外觀，許多地方，現今依然如此。有鑑於該稅目的門檻決定了一棟建築物有多少扇窗戶，威爾特郡（Wiltshire）一些企圖躋身上流社會的村民會把他們住屋外牆漆成黑白雙色，偽裝成窗戶。一七九七年，首相威廉．皮特（William Pitt）將玻璃稅調高三倍，

有位木匠向國會提報，說是整整一條街的居民都要他用磚塊或木板封住窗戶。

玻璃稅抑制了一整個產業的成長。在一八〇一至五一年間，英國人口自一千一百萬人成長至二千七百萬人。光是倫敦的人口就成長了一七〇%，由一百萬人增至二百七十萬人。人口爆增也引發興建熱潮。然而拜玻璃稅所賜，玻璃的生產量在這段

期間大致沒有改變。

窗戶成為財富的象徵，甚至在小說中也是如此。珍．奧斯汀（Jane Austen）在《傲慢與偏見》（*Pride and Prejudice*）一書中就寫道：「伊麗莎白縱目觀賞，心曠神怡，但是她並未如柯林斯先生所預期地那般為眼前的美景陶醉忘形，對於他數著屋前的窗戶，並誇耀這些窗戶的花費，她也不為所動。」

雖然美國從未課徵窗戶稅，不過在一七九八年曾因擔心課徵此稅而引發叛亂——弗里斯叛亂（Fries Rebellion）。當時賓夕凡尼亞州的估稅官員巡訪各地，對於要課徵直接房屋稅的房產進行評估，當地德國與荷蘭的移民擔心此舉乃是要課徵窗戶稅，於是發動武裝叛變，動亂遍及全州，迫使總統約翰．亞當斯（John Adams）不得不派遣聯邦軍隊花了兩年的時間平定叛亂。

窗戶稅不具任何發展性。亞當．史密斯（Adam Smith）寫道：「鄉間一棟租金十鎊的房屋，擁有的窗戶數目可能超過倫敦一棟租金達五百鎊的房屋。」但是貧窮的鄉間房舍卻得繳交較多的稅。鄉村屋主的稅賦沉重。不過受打擊最重的卻是城市裡的貧戶，他們住在大型的破敗公寓內，這些建築物都有許多窗戶，他們對窗戶稅高度敏感。房東——納稅義務人——乾脆將這些公寓的窗戶封起來以降低成本。此舉於是引發窗戶稅最具傷害性的意外結果：人們罹患疾病。工業革命時期在城市間肆虐的傳染病——尤其是傷寒、天花與霍亂——因為狹窄、潮濕，又沒有窗戶的公寓而更加嚴重。《柳葉刀》指出，該稅「直接促進疾病」。一份官方的科學報告指出，「有許多例子顯示，屋主為逃避納稅而封閉窗戶的行為，已成為患病與死亡的主要原由。」然而即使如此，該稅仍持續課徵。

到了十九世紀，反對該稅的聲浪四處可聞。「『像空氣一樣自由』的格言已然過時，」查爾斯．狄更斯（Charles Dickens）如此感嘆，「自從實施窗戶稅之後，光線與空氣都不再是自由的了。」反對該稅的行動持續了幾十年，各類相關的小冊子、歌曲與演說層出不窮。一八四五年，在重新推出消費稅不久之後，羅伯特．皮爾爵士（Sir Robert Peel）取消玻璃稅，但是保留了窗戶稅。直到一八五〇年，國會才出現一項廢除窗戶稅的提案。據說，議員在辯論時高聲喊出「光天化日下搶劫！」（daylight robbery）這句話，進而流傳下來成為俗諺，意指高得令人髮指的稅賦。(3) 可是這項提案最終還是闖關失敗。直至又出現一波全國性的反對運動，該稅才在一八五一年廢除。至於法國的門窗稅則又繼續了七十五年才被廢除。

窗戶稅只不過是一項在歷史長河中還不算特別長壽的稅目，卻是昭示一項稅目如何誕生與其影響的絕佳案例。在其演進中，我們可以看到一項稅目典型的生命週期。稅賦的課徵主要是出於當時的需要，通常是為資助某場戰爭。稅賦在推出時都是暫時性的，只是後來大都演變成永久性。課稅金額在初期都很低，但會隨著時間而增加。在本章所言的情況下，稅賦侵犯了享受光線與新鮮空氣的基本自由。許多人都會千方百計地逃避繳稅，從而使得稅賦扭曲人們的行為與決策。稅賦會導致各種不同的意外結果，而且隨著它益趨成熟，情況也會日益惡化。稅收大部分都會遭到濫用或是花在納稅人不認同之處。最終人們覺得受夠了，於是產生一些行動——運動、抗議，甚至是革命——在政府延宕推諉之際，尋求廢除稅賦。

要說窗戶稅是好是壞，未免過於簡化其中意涵。該稅有一段時間實施順利，然後又失效了。除了其他一般事項之外，稅收也用來支付國防。許多稅賦在本質上都具有道德迷思。一方面它會侵犯個人的財產權，也會造成意想之外的結果；然而在另一方面，它也是支付政府運作最實際的解決方案。我們由此可知，為什麼溫斯頓·邱吉爾

（Winston Churchill）以及其他許多人，會說稅賦是「必要之惡」。問題在於：有多少惡才算必要？

第二章
非常情況帶來非常手段

在這個艱難的世界，在花錢之前我們必須先學會賺錢。

郭伯偉（John James Cowperthwaite），香港財政司長（一九六一—七一）

現在我來講一個完全不同的故事。

香港從來就不是一個看似有前景的地方。它只不過是位於南海珠江口的一些陡峭島嶼與斷裂的海蝕柱。土地用處不大，沒有值得開採的礦藏，也沒有石油可以鑽探。大部分的土地皆是崎嶇多石，難以耕種。但是在其較大的一座島嶼與大陸之間的深水地形，卻足以彌補一切的缺失：一座大型的天然港口。

十六世紀葡萄牙的探險隊曾在這裡設立據點，尋求與中國進行貿易，但是在明朝的孤立主義下消失不見。十八世紀英國的貿易商重新發現這些群島，十九世紀的鴉片戰爭使得英國占領這些土地，直至二次大戰。

香港意謂「芳香的港口」，可能是因為以前港口旁邊設有許多薰香工廠。對倫敦而言，香港之於大英帝國是一處具有策略性重大意義的貿易據點，但是二次大戰爆發時，當地戰略形態卻是易攻難守。「我們必須避免將我們的資源浪費在難以防禦之地。」邱吉爾如此寫道。一九四一年日軍入侵（在沒有宣戰的情況下），香港很快就淪陷，跟著歷經近四年在戒嚴法下苟延殘喘的日子。

詹遜（Franklin Gimson）在日本入侵的二天前奉命接掌香港殖民地司署。二戰期間，他一直被關在日本的戰俘營中。一九四五年，當他一聽到日本投降的消息後，立刻就離開戰俘營，聲稱自己是香港的代理總督，並在兩週內成立辦公室。他此一快速搶在中國或美國尚未決定該採取何種策略之前的動作，對香港的命運具有深遠的影響。他讓香港留在英國手中。

在戰後的數年間，英國放棄了許多帝國殖民地，但是出於擔心被中國併吞，始終保留香港。英國派遣一支由公職人員組成的團隊來到百廢待舉的香港，幫助它重新站起。其中有一名沉默、意志堅決且固守原則的蘇格蘭人，名叫郭伯偉（John James Cowperthwaite，郭伯偉是其中文名字）。

郭伯偉曾在愛丁堡與劍橋學習古典文學，不過他也曾在聖安德魯斯大學攻讀經濟學，精研啟蒙運動，尤其是亞當．史密斯的理論。一九五一年，他升任香港副財政司長，一九六一年成為財政司長。他的傳記作者尼爾．蒙納利（Neil Monnery）指出，「在長達二十五年的時間裡，他一直是香港財經政策的核心人物」。在這一時期，香港經濟蓬勃發展，成長快速，全球罕見。

這一切都要拜該殖民地的財稅政策所賜。

郭伯偉與他的小組在一九四五年末來到香港。他們的首要任務是重建當地的工業。當時總督宣布香港為一自由港，任何商品都不徵收貿易關稅，也沒有出口補貼，只有極少數的進口限制。在此政策下，進出口逐漸恢復，許多戰時逃離香港的人都重返家園。貿易因而快速成長。郭伯偉目睹一切，堅信這些成果都是商業自行帶動的。

郭伯偉是一個觀察力敏銳的人。他經常漫步街頭，參觀工廠與港口，以了解它們的活動。他觀察得愈多也就愈了解，這些活動與公共行政毫無關係。他發現香港並不需要經濟規劃，只要架構完善，香港可以自我修正。香港的人民與商業足以擔起推動經濟成長的重擔。郭伯偉是亞當・史密斯的信徒（據說他的枕邊擺有一本《國富論》），而作為一名古典自由主義者，他對這樣的結論十分欣慰。

他的第二項任務是帶領負責該島重要物資供應的部門——包括買賣、分配食品與燃料、控制物價等；而該部門有著一堆問題需要解決。「這樣的情況讓他頗有感觸，」蒙納利表示，「他看到交由一批公職人員來從事交易是多麼困難。」郭伯偉於是建立一套無為而治的官僚體系。「我只相信自願承擔風險的人所做的商業決策。」他說道，「當政府涉足某一項商業時，只會損及大眾的經濟利益。」

他開始逐漸形成一套日後被稱做「積極不干預」（positive non-intervention）的理論。他的想法是政府干預開放經濟往往是弊多於利。政府不應進行干預，除非是在經過審慎考慮，並有充足的理由之下。「笨拙的官僚之手，應遠離經濟的敏感機制，」他表示。經濟最好是依賴「隱藏的那隻手」。他說：「集合商業人士與實業家的個人決定，所得到的結果會比一個政府或委員會的決定要高明，因為政府對其中所牽涉的各種因素與彈性所知有限。」

香港的財稅政策與英國同期實施的完全相反。當時英國——與西方大部分國家——都是採行高稅賦、政府支出、赤字財政、產業規劃，以及經濟干預。香港卻是反其道而行。大部分人民——除了少數富有人士——根本無須繳納所得稅。甚至連高所得者也只須繳納一五％的稅賦。香港沒有貿易壁壘、沒有銷售稅或增值稅，對於資本利得、利息與海外盈餘也都沒有課稅。不過香港有課地價稅。總體而言，香港的稅賦從來沒有超過國內生產毛額（GDP）的一四％。

政府把干預與變革維持在最小的程度。其治理原則是「稅賦應長期維持不變（在不繁重與公平公正的基礎上）」，同時，稅賦的課徵也不應顯得過度積極。郭伯偉表示，「我們經濟的好處，尤其是在當地與海外的投資與企業方面，就是沒有實施一套追根究柢，最終無可避免與所得稅全面掛鉤的財稅制度。」

西方政府為刺激經濟所採行的凱因斯（Keynesian）赤字財政在香港是行不通的。「它完全不適合我們的經濟情勢……我們不會、也不能生產過剩，而增加消費不過是在沒有配合出口的情況下增加進口，國際收支平衡危機會摧毀香港的信譽與對港幣的信心，這樣的情況會毀了我們。凱因斯並沒有考慮到我們。」

政府借貸同樣也是不可接受──「國家債台高築……絕對就代表高稅賦。」郭伯偉表示，「我懷疑我們有權債留子孫……我們的先人並沒有把他們的負債留給我們。」

香港也沒有產業規劃、政府補貼與經濟干預。「我必須承認我討厭用公共基金來支持特定工業家的任何提案，因為這樣只會造成特權，我尤其討厭的是由官僚體系來決定好壞。」他在香港立法會的一次辯論中說道。「我不相信有任何人能夠有足夠的知識了解過去、現在與預測未來，從而建立『優先發展』項目……我認為一個優秀的產業，就其定義而言，就是一個能夠自力更生，在一般市場環境下不需要特別支持的產業。」

官僚作業也簡化到一家新公司只需要一頁的申請表就可登記註冊。稅法本身也是簡短易懂。即使是在今天，國際稅法律師也視香港為全球最有效率的地方。香港稅法只有三百頁，不到十五萬字，僅及英國的一．五%。

與此同時，港幣與英鎊掛鉤，從而消除了因通膨課稅的可能性（至少在香港是如此）。一九六三年，經濟學家密爾頓．傅利曼（Milton Friedman）要求郭伯偉說明港幣匯率機制，遭到他的拒絕。他表示，即使是執行匯率緊盯的匯豐銀行也無法了解箇中奧妙。「他們最好別懂，不然就搞砸了。」他所言不假。在他卸任之後，香港放棄了匯率與英鎊掛鉤的制度，匯豐銀行在貨幣事務上也取得了較大的發言權。一九八三年，港幣遭逢匯率危機，最嚴重時，兩天就貶值一三％。最終港幣必須與美元掛鉤才倖免於崩盤浩劫。

香港也沒有任何資本管制的措施。「資金來這裡並且留下來，是因為它隨時都可以離開。」郭伯偉表示。「試圖以一些禁令來圍堵資金，它就會離開，我們也攔不住，而且它再也不會回來。」

香港不是一個透明民主之地。它是英國的殖民地。港督聽取立法會的建議，擁有制定與執行法律的權力。若是所託非人，這套制度很容易就造成腐化。不過當時的公職人員（有許多都具有與郭伯偉一樣的想法）都視他們的職責是為香港人民謀取最大的利益。郭伯偉對此有一套說法。「如果人民要一個協商式的政府，代價就是增加複雜性，導致決策拖延。如果他們要有一個具有效率的政府，他們就必須有某種較強的威權統治。我認為只要政府的施政符合他們的需求，大部分人的答案會是寧願選擇後者。」

鑑於香港當時百廢待舉的環境，遠離政府被凱因斯思想把持的社會，以及不必向任何人負責，郭伯偉能做的都做了。英國大部分時間是讓香港自求多福，當它們想干涉時往往遭到冷落。英國國防大臣丹尼斯．希利（Denis Healey）曾經透露，「我只要是與令人敬畏的財政司長溝通，往往總是受傷而出。」根據香港立法會所收錄的希利講稿，郭伯偉就是那位難以對付的爭執者。

他並非單打獨鬥。他的成功是植基於其前任所建立的架構之上。他的施政也得到他的繼任人夏鼎基（Philip Haddon-Cave）蕭規曹隨。他們都相信自由放任主義，並且擁有港督的支持。不過郭伯偉才是這一切的總工程師。

英國與香港財稅政策分道揚鑣所形成的經濟效應，影響甚為鉅大，儘管難以用實際數據來顯示香港有多成功，而這也是郭伯偉的另一項政策所致，即避免編製統計資料。他認為統計數據只會誘使官員開始操弄經濟，去修補一些自認該修補的地方，反而阻礙了市場隱形之手的運作。（他經常以此闡述亞當．史密斯的理論）「如果我讓他們進行統計，他們就會要求以這些數據來進行規劃。」他向傅利曼解釋。他不斷拒絕來自海內外要求編製統計數據的呼聲。

有一次英國官員前來香港詢問為何沒有失業相關的數據，他立刻打發他們搭乘第一班飛返英國的班機。每當立法會的成員要求GDP相關數據時，他的回答通常是這樣的：

> 即使是在最嚴謹的國家，這些數字也都非常不準確。它的意義不大。我不認為別的國家使用它們，就代表我們也要使用。我不確定它們對香港的用處……別的國家使用它們是因為要評判（或者是希望能夠評判）實施高稅賦與干預經濟政策的效果……我們對現狀十分滿意，政府介入經濟的程度十分微小，根本不需要這些數字來幫助政策的形成。

後來有人請教他貧窮國家應該如何翻身。他回答當務之急就是「撤除國家統計局。」

一九六二年，郭伯偉鑑於要求他提供GDP與其他統計數據的壓力實在太大，於是聘請一位教授來進行研究，並聲稱他會研究收集來的相關資訊的可行性。七年來，他不斷退回這位可憐教授的報告，理由不是需要重新修正，就是還需要進一步的查證，或是需要進一步的觀察。一直到一九六九年，他還是沒有提出任何資料，他的解釋是因為那位教授整理資料時遭到困難。這位倒楣的教授注定就是一個替死鬼。

不過我們還是知道一些東西。

一九四五年，在經過多年的戰爭與日本的占領之後，香港破敗不堪，許多人三餐不繼。香港在戰前的人口超過一百萬，現在只有六十萬人。不過在經過比一個世代稍多一些的時間之後，此一沒有任何重大天然資源可以誇耀的彈丸之地，已然躍身全球最繁忙的港口，同時也是國際製造重鎮與金融中心。香港的人口在這段期間成長逾十倍。

即便在一九五〇年代，中國大陸眾多難民因內戰而逃到香港，當時的它也不過是一個簡陋的小鎮。傅利曼於一九五五年訪問香港，他表示「當地政府為收容難民所提供的場所，是多層公寓內的一間間小單位，一戶家庭一個房間。」然而今天的香港卻是一座先進的都市。

香港的財富也以非凡的速度成長。當然，我們無法知道一九四〇年代的人均國民生產總值，但是很有可能低於三百美元，與非洲水準差不多。一九六〇年，香港人均國民生產總值是四百二十九美元（根據經濟合作暨發展組織的資料，不是來自郭伯偉），遠遠不及英國的一千三百八十美元與美國的三千零七美元。三十三年後，香港的人均國民生產總值已超越英國，五十年後，又趕上了美國。今天，香港是全球十大富有地區之一，人均國民生產總值比英國高出四〇%。

在此一期間，香港一直是實施低稅賦的政策，同時政府支出也維持在最低。香港政府自一九四六年以來，除了某一年之外，年年都是維持在預算順差，通常都是保留一年的支出做為準備金，而且從來沒有任何負債。郭伯偉表示，「即使是我，一個堅信我們的經濟在現行稅制下充滿活力的人，也對我們稅制所產生的稅收成長腳步感到驚訝。」時至今日，財政司長低估預算順差已成年度大事——二〇一五年已是連續第八個年頭，而二〇一八年也是預算順差。

美國華盛頓特區的經濟智庫傳統基金會（Heritage Foundation）每年都會發布全球一百八十六國的經濟自由度指數報告。該基金會將自由度定義為人們對其擁有的勞動力與資產的控制數量，而在進行評估時是依據十二項量化與質化因素。自一九九五年該基金會開始編製此一指數以來，香港每年都排名第一——是全球經濟自由度最高的地區。

就供給面來看，香港的公共服務也十分完善。根據培生（Pearson）教育集團指出，該地區的教育體系品質之優，全球第四，在彭博（Bloomberg）的保健指數排名中也名列前矛。香港的大眾運輸系統去年排名第一，成為其他地區效法的模範；定期達到九九．九％的成功率；九四％的人口都是住在距離地鐵站一公里以內的地方。它的大眾運輸系統也是全球獲利最豐之一。

有人批評無為而治的經濟制度冷漠無情，但是郭伯偉堅信他的政策是澤被黎庶。稅賦是一項強制性的措施，會對成長形成阻礙。因此，稅賦愈低就表示獲利愈高。獲利愈高意謂成長愈快。成長愈快則代表所有人擁有的工作機會愈多、待遇與財富增加。「相較於財富的分配，我更關切財富的創造，」他說道。「經濟強勁成長與隨之而來的勞動力需求，會自行帶動快速而全面的所得重分配。」換句話說，放任經濟，重分配會自我解決。

不過郭伯偉也強調，「所得重分配能夠更慷慨地幫助那些在全體進步中暫時或長期不幸的人。」郭伯偉心中總是掛念那些在最底層的人，而經濟蓬勃發展可以讓政府更有能力幫助他們。他指出，「由於我們的低稅賦政策……稅收大增。」香港的成長就是明證。最終，「在大眾手中的資金會流入國庫，」郭伯偉說道。「而且還附帶利息。」

香港遭遇許多挑戰，不過幾乎在每次的危機中——除了公共住宅外——港府都是採取積極不干預的立場。一九五〇年，香港主要工業的角色已由中國產品的進出口擴大到倉儲、航運、造船，以及保險等等。當韓戰爆發，美國實施制裁措施，香港與中國的貿易在之後的四年間銳減約九成。香港當時本應墜落谷底，然而它卻能克服萬難，重新站起。中國內戰時逃到香港的難民帶來了他們的紡紗技術，香港也因此成為國際紡織市場的霸主，迫使英國與美國必須對國內紡織業採取保護措施。為了因應對香港紡織品的進口配額限制，香港企業界於是改為增加合成纖維紡織品的生產。香港企業也促進製造多元化——尤其是電子與塑膠。一九六七年，英鎊貶值使得香港外匯損失約三千萬英鎊，不過儘管如此，香港仍是大步向前，如同它面對毛澤東文化大革命的衝擊與一九九七年亞洲金融危機時一樣。

香港在一九九八年交還給中國時，大家都認為它的政策會遭改弦易轍。但是事實上卻正好相反。亞洲其他國家都注意到香港的成功，群起效法。李光耀在一九五九年成為新加坡首任總理之後，立刻採取類似香港的低稅賦與不干預的政策模式，並且取得相同的成功。南韓、台灣，甚至日本，也都採行了他們自己的低稅賦與高出口模式，也都獲得經濟快速成長的成就。中國也是一樣。

在毛主席於一九七六年去世後，中國的改革者注意到香港與新加坡非凡的成長腳步，認為郭伯偉的模式也可以運用在中國大陸上。一九八〇年深圳被選中，建設為經濟特區——低稅賦與寬鬆法規。當時深圳的人口只有三萬人，如今隨著愈來愈多的人來到這兒追求財富，人口已躍增為近一千三百萬人。深圳的經濟成長率一度達到驚人的四〇%。今天的深圳已成為另一個香港。

根據人民代表大會的立法，中國要「有利於社會主義的資本主義。」「我們過去不夠注意發展生產力，」鄧小平在其一九八四年著名的演說中指出，「要建立具有中國特色的社會主義。」以香港此一彈丸之地的成就來看，中國的成就會有多大？今天的中國，以其自有品牌的獨裁式資本主義，已成為全球第二大經濟體，而以購買力評價來看，可能是全球最大。

毫無疑問，香港是非常時期的非常情況，但是其低稅賦與積極不干預政策也開啟了亞洲經濟奇蹟。郭伯偉的成就不在於他做了什麼，而是他沒做什麼。「我做得很少，」他以一貫的幽默表示，「我所做的只是防止某些事情造成阻礙。」

第三章
為什麼要課稅？

任何事都無法確定，除了死亡與稅賦。[1]

克里斯多弗．布拉克（Christopher Bullock），《普雷斯頓的修鞋匠》（一七一六）

稅賦的歷史就和文明一樣久遠。

即使是在依賴狩獵與採集的原始社會，都存有貢獻群體的認知，因此當人類在一萬年前定居下來時，首領就會徵用勞力與生產。自此之後，沒有一種文明是不需要課稅的。

但是我們對稅賦的討論與思考到底有多少？在啟蒙時代，有關稅的道德倫理與實用性經常受到討論，然而時至今日，這些討論不知怎麼地都消失了。稅賦已然成為專屬於會計師與經濟學家的枯燥玩意。在我們對稅賦的關切退化到該繳多少稅的同時，政治人物對稅賦的興趣也僅止於哪兒該增加多少或是減少一些。許多稅目的道德觀，特別是所得稅，都鮮少遭到質疑。重大的稅改就留待以後再說。

我著作本書的目的是要讓大眾重新思考與討論稅賦問題。當你透過稅賦稜鏡來看這個世界——我們當今、過去與未來的世界——一切都會變得十分明朗：事情為什麼會是這個樣子，為什麼會發生這樣的事情，未來會如何展開——我們需要怎麼做才能形成改變。文明又是如何經由他們受到課稅形塑而成。國家的命運——不論人民是富有還是貧窮，自由還是奴役，快樂還是痛苦——有很一大部分都是由稅制來決定。

徵稅就是權勢。不論是國王、皇帝，還是政府，如果他們失去稅收，他們就失去權柄。此一法則古今通用，從古代蘇美（Sumer）(2)的第一位國王到今天的社會民主黨，都是如此。稅收是一國施政的能源。限制稅收，就等於是限制統治權。

每一場戰爭，從古代的美索不達米亞到現代的伊拉克，都是由某種形式的稅收來支付的。稅收使得戰爭得以發動。如果你想結束戰爭，就停止課稅。從亞歷山大大帝到拿破崙，以及其他所有的征服者，他們的目的都是控制稅基：土地、勞工、生產與利潤。蕭伯納（George Bernard Shaw）在其劇作《凱撒》中指出，「稅收是世界征服者最主要的事業。」當成吉思汗攻下中國後，他的計畫是殺光所有人。這可不是一件簡單的工作，因為當時的中國就和現在一樣，是全球人口最多的國家。幸好他的一位軍師，不太為人熟知的耶律楚材指出，死掉的農民繳納的稅金要比活著的少許多。成吉思汗聽進去了，於是數以百萬計的生命得以存活。

革命與暴動也是如此。不公平的稅賦幾乎總是潛藏在人民的心中。「無代表，不納稅！」就是美國革命者發起的口號。沙皇對農民苛捐雜稅導致俄國大革命。最鮮明的例子或許是菲律賓革命，導火線正是普加德．勞林的吶喊（Cry of Pugad Lawin）呼籲人民撕毀他們的稅單。從斯巴達克斯、布狄卡（Boudicca）、羅賓漢到聖雄甘地，史上最偉大的反抗暴政行動往往都是以抗稅為旗幟。

透過稅賦的鏡頭來看歷史會有所不同。有一則關於稅賦的故事──往往遭到忽略──貼近幾乎所有人類的心靈。耶穌之所以在伯利恆出生，只是因為約瑟與瑪麗亞來這兒繳稅。人類踏上月球的經費也是來自稅收。即使是看來毫不相干的事情之間，也潛藏著稅賦的因子。例如婦女的選舉權，第一次世界大戰時，婦女加入勞動力，並且繳納所得稅，這也是日後婦女獲得投票權的主因之一。甚至天災也隱含稅賦的故事。例如瘟疫結束了歐洲的封建制度，同時帶動納稅勞工階層的興起。倫敦大火之後，該城市重建的經費大都是來自對煤炭的課稅（甚至有傳言指出倫敦大火是因為人民的逃稅行為而引發——當時為逃避壁爐稅，民眾將自家的壁爐偷接到鄰居的煙囪這類詐騙事件並不罕見）。

我們許多偉大的建築物，從金字塔到白宮，都是在稅收的支撐下興建的。有些興建的目的純粹就是為了徵稅。我們認為中國的長城是為抵禦外侮——確實也是如此——不過在巔峰之際，曾一度有百萬人駐紮其上，長城的興建也是為了對進出中國的貨物課稅，尤其是絲路一帶。因此，換句話說，這也是為了保護政府的稅收。古羅馬帝國的哈德良長城（Hadrian's Wall）興建目的也是如此。

甚至我們的名字也與稅賦有關。在十三世紀之前，不列顛諸島與若干歐洲地區的人民都沒有姓氏，直至十四世紀末才有，主要是根據他們的職業，例如「史密斯」（Smith），或親子關係「傑克遜」（Jackson）、「馬修」（Matthews）、「麥克唐諾」（MacDonald）；有些則是根據他們居住地的地理特徵，像是「希爾」（Hill）或「福特」

（Ford）；或者是和我一樣，根據我所來自的村子「弗斯比」（Frisby）。有的時候，尤其是蓋爾人文化（Gaelic），姓名會取自身體特徵，例如「卡麥隆」（Cameron）是歪鼻子，「甘迺迪」（Kennedy）是毛茸茸的大頭，「康納利」（Connolly）則是強悍英武。為什麼要有姓氏？是為了課稅時可以方便分辨民眾。

在中國，姓氏歷史久遠，據說可以回溯至公元前二八五二年的伏羲氏。而姓氏之所以存在的原因也是一樣：為了方便課稅。

「稅」（tax）這個字直到一三〇〇年代才在英文中出現，主要是因為貨幣開始流行。在此之前，我們是使用來自古法語的「工作」（task），稅賦通常是以實物或服務來支付——統治者拿走一部分的收成，或是要人民以勞動來償還債務。無論我們是稱作稅賦、負擔、責任、貢品、什一稅、收費、勞役、進口稅，還是關稅，本質都是一樣的。在語言的進化中，稅賦與自由具有密切的關係。審查制度（censorship）與徵稅估價（例如「人口普查」（census））的字源都是來自同一個拉丁文。審查官就是古羅馬的行政官，負責人口普查、監督公序良俗，以及視察政府若干部門的財政。審查制度與課稅都牽涉到自由的限制——不論是在經濟還是其他方面。

領導人會利用稅賦來做為控制手段——影響人們的行為與決定。彼得大帝一心要推動俄羅斯的現代化；他認為鬍鬚不夠時尚，因此對鬍鬚課稅。在此一政策下，俄國人民要嘛剃掉鬍子，不然就要繳稅。為了證明已經繳稅，俄國人民必須在他們的鬍子上掛一個銅製標誌，上面寫著「鬍鬚是多餘之物」。這一類的稅賦往往會改變人們的行為，但是有時卻並非有意的。如果你對香菸課稅，有些人會選擇戒菸，但是也有人會從事走私的行當。對燃料課稅，有人會改變旅行的方式，然而也有人從此不再旅行。對勞工徵稅，有人會更加辛勤工作，但是也有人會遷居海外或是乾脆不再工作。我之後還會談到稅賦甚至會影響人們決定要生幾個孩子。儘管談論了這麼多，稅賦仍有一項道德上的爭議：國家扮演什麼角色？有人可能會將其視為政府合理的規劃，但是也有人可能認為這是已超越政府職權範圍的保母式干預手段。

今天的課稅毫無選擇的餘地，往往是在祕而不宣，自源頭以武力取走的情況下進行。我的經紀人很不喜歡我這麼說——「他們並沒有靠武力來徵稅。」她說的沒錯，政府並沒有派武裝士兵來課稅，但是如果你拒絕繳稅，你就會有牢獄之災。在許多情況下，你連拒絕繳稅情願去坐牢的機會都沒有，因為政府早已自源頭就替你扣繳了稅金。正如諧星克里斯·洛克（Chris Rock）所叫嚷的，「你甚至不必繳稅，他們早已拿走。你只會拿到一張支票，但是錢已經不見了，這只是一張紙牌。」

在古希臘，許多稅賦都是自願繳納的。而在另一極端，例如蘇聯與北韓等專制極權的社會，人民根本就沒有自己的勞動力、產出與利潤。政府取走了他們所有的一切。已開發世界則是在這兩個極端之間。扣除通膨（我稍後會講到，這是另一種型式的稅賦）之後，如果你是美國人，你所賺得的三八％左右都是用來繳稅。英國是四五％、[3]法國則是叫人淚漣漣的五七％。這類高稅率都是最近才發展出來的。在二十世紀之初，稅賦在我們生活中所扮演的角色無足輕重。政府支出（大部分是由稅收衍生而來）都很少。在美國，僅占GDP的七％左右、英國是九％，法國是一三％。在近代的國家中，一八七〇年的瑞典，政府支出最低，僅有GDP的五．七％。不過如此低的稅率在第一次大戰結束後，就不曾再出現過。

今天，稅賦已滲透到你從事的每一件事裡，幾乎所有的活動或多或少都牽扯到稅賦。思考與性愛是少數幾種得以免稅的活動。在古羅馬時代，甚至連小便都要課稅。[4]感謝上蒼，還好今天沒有這種稅。

發展至今，身處二十一世紀的你不論是住在哪個已開發國家，你一生中所購買最貴重的物品，不是如多數人所認為的住宅，而是你的政府。就一個英國典型的中產階級來說，他一生繳給政府的稅金達三百六十萬英鎊（五百萬美元）——比一棟房子還要貴。你等於是要花整整二十年，甚至更多的生命來為國家提供服務。[5]就時間而言，國家擁有你的勞動力，誠如中世紀封建時代的領主擁有農奴一樣，在一週的工作時間裡，農奴有一半的時間都得為領主耕地種田，以換取領主的保護。在今天，你則是以稅金來換取政府對你與其他人的保護與服務：國防、健保與教育等等。有些人滿足於眼前的狀況，有些人則否，但是不論你的政治傾向為何，你都沒有選擇餘地。如果你要工作謀生，你就必須同時為國家與自己工作。我們其實並不如我們所認為的那麼自由。

如果你反對政府使用你所繳納的稅金的方式——例如在中東發動戰爭，或是進行一些無用的公共建設，又或是實施一項你認為不道德的法令——該怎麼辦？你就別介意了。除了每隔四年或五年進行一次效果有限的選舉之外，你其實對你的稅金該如何使用並無置喙餘地。美國位於華盛頓特區的國稅局大樓牆上刻有一段文字：「稅賦是我們文明社會的代價」，(6)但這真的是文明嗎？以一種強迫的形式來從事你在道德上反對的事情？

社會民主主義人士視稅賦為促進社會均衡的方式：財富重分配、提供均等的教育與福利，以及消除市場經濟的扭曲。社會主義人士儘管也具有同樣的觀念，但是其態度更為極端。自由主義人士則是認為，課稅就是盜竊：是對個人自由的侵犯，並且違反了他們的財產權；政府的支出是浪費且不道德的行為，還是由個人花自己的錢比較好。

沒有稅賦，就沒有政府：環環相扣。儘管晦澀難解，但稅賦往往是每一場政治辯論的重心：政府該把錢花在哪兒？該花多少？誰來買單？錢從哪裡來？

我們今天面臨的許多問題，特別是貧富間與世代間的財富差距，都可以追溯到我們的稅制。稅賦改革是政治人物真正可以改變世界的少數幾種途徑之一。如果我們有考慮未來，有考慮到我們的子孫輩應該住在什麼樣的世界，我們就必須思考我們該如何課稅。

在本書中，我們將漫步於歷史之上，尋訪在稅賦演進過程中的一些故事。我們將從中思索現今許多政府所處的困境，進而展望稅賦的未來。

全球有許多政府的財政目前都陷入麻煩之中。他們債台高築，難以償還，加上身處一個益趨全球化與數位化的世界，疆界益趨模糊下，使得稅賦的徵收更加困難。政府籌錢以支應開銷的壓力日趨沉重，但是當民眾已為重稅所苦，對他們的領袖也失去信心，他們又怎會欣然接受加重賦稅呢？尤其是在科技已讓政府的許多服務變得多餘的情況下。

我們現今所處的社會民主主義模式，也就是由政府做為福利、教育、保健與其他重要服務主要提供者的模式，目前正面臨危機。甚至也許在一個世代之內，我們現在所知道的許多國家可能都將不復存在。稅賦將是這一切的核心關鍵，稅賦將決定未來。

除了未來可能會發生什麼事情外，我也將勾勒未來「應該」的走向。我會提出一些有關我們在二十一世紀該如何課稅的想法。不論它們是否實用可行，不論這是否是你心中所要的社會，這都是你可以自己決定的。

第四章 稅賦的搖籃

你可以膜拜神明，你可以尊崇國王，但真正讓你畏懼的人是稅吏。

蘇美人諺語

人類文明「始於」約七千年到一萬年前，當時游牧部落在底格里斯河與幼發拉底河間肥沃的平原定居下來。而他們之所以決定留下來是因為泥土的關係。彼時他們根本不知道農作物為何，但是他們發現這裡的泥土適合製作工具——容器、鐮刀、斧頭、錘子與釘子，不過後來我們都改以金屬製作取代。如果在泥土中混雜稻草，拿到太陽下烘烤，就成為磚塊。他們用磚塊蓋房子，最終形成人類的首座城市。

埃利都（Eridu）是世上第一座城市，不過其他的部落也很快就隨之而起——烏克烏克（Ukuk）、基什（Kish）、厄爾（Ur）、烏瑪（Umma）以及拉格什（Lagash）——紛紛建立起自己的城市。這或許也是歷史上，人類的生產首次超過實際的需求。埃利都開始將他們所生產的東西來交換他們短缺的物資——金屬、木材、石塊，以及各類食物。因為如此，泥土也找到了另一種用途：錢幣。人們利用模具將泥土做成各種不同形狀的代幣——圓錐代表的是一小撮大麥，一個碟子代表一頭羊——從此就可以記帳了。交易者在黏土製成的球內烤製這些代幣，並在球上打上標記做為簽名。待債務結清之後，他們就打碎泥球。稅賦是當時人們最普遍的債務，而古代被稱做作斯瑞圖（Eesretu）的什一稅，即是取走一人十分之一的勞力與生產所得，這可能是人類最早的稅制。

久而久之，老祖先們不再於黏土球內烤製代幣，轉而在泥板上刻上圖案，這就是人類的第一套文字系統。人類最早期的文字就是稅賦紀錄：在泥板上記錄什一稅與貢品。那些掌握了書寫與紀錄保存這門藝術的人——書吏——同時也是稅吏。早期的會計、貨幣、債務、稅收與書寫，全合而為一地同步演進。

隨著古美索不達米亞的居民逐步成長，建立城市，戰爭也在他們之間爆發開來，往往都是為了爭奪資源。烏瑪與拉格什間的戰爭最為激烈。這些戰爭的費用是哪裡來的?當然是稅收了。

拉格什與烏瑪間一場爭奪水資源的戰爭打了四代，最終拉格什獲勝，烏瑪必須向其支付租金才能使用引發戰爭的水資源。但是儘管獲勝，拉格什的國王依然對其人民課徵重稅。當時的一名書吏寫道，在拉格什的各個角落，「都有收稅員。」倘若一名男子要與妻子分手，他必須付五謝克爾（shekels）的銀。假使一位牧羊人要剪羊毛，同樣也須付五謝克爾的銀。如果丈夫去世，遺孀必須先繳納銀才能繼承遺產。蘇美的一位書吏寫道：「船長必須為他的船繳稅，畜養牲口的官員必須為他的驢子與羊群繳稅，漁夫必須為他的漁獲繳稅。」第一樁有記載的叛亂，是一位國王遭到史上首位稅賦改革者烏魯卡基那（Urakagina）推翻，「他替換了前朝的法令。」他將收稅員免職、減輕稅賦，並免除寡婦的遺產稅，且立法保護人民免受苛捐雜稅的迫害。

文明的誕生地就是稅賦的誕生地。自此之後的所有年代，沒有一種文明是沒有稅賦的。

所得稅的起源

他將取走你們的糧食與葡萄園收成的十分之一，給他的臣僕。
他也將取走你的僕人與婢女、健壯的少年、你們的驢子，
命令他們為他工作。他將取走你們十分之一的羊群，
你們將成為他的僕人。你們將哀求苦苦……

《撒姆耳記下》第八章十五到十八節

繳納你所得或是生產所得的十分之一，什一稅這樣的操作不僅是在美索不達米亞，而是遍布所有的古代文明，不論是中國、埃及、印度、希臘、羅馬、迦太基、腓尼基，還是阿拉伯。我們一般認為什一稅是繳納給教會的，但是神明、國王、君主、教會或政府間的界線並沒有那麼明確，往往合而為一。有些學者認為古代文明之所以使用什一稅，是因為我們有十根手指，而在計算時，我們必須使用手指。因此，這是一個很順理成章的數字。

和今天的稅收一樣，什一稅是用來支付戰爭與國防、公共建設，以及領導人奢華生活的開支，但也包括了救濟施捨。施捨幾乎是所有宗教的主要機能——的確，我甚至認為這是人性的一部分——教會的主要角色之一，是提供均等的福利、保健與教育——不過這些責任如今大都已轉到政府身上。**則卡提**（Zakat，施捨）是伊斯蘭教的五大信條之一，而什一稅稱為**烏謝爾**（ushur）。錫克教的什一稅是**達完第**（dawandh）。在佛教裡，施捨是展開涅槃之旅的開始，儘管沒有具體指出一〇%這個數字。在印度教，施捨——又稱**達納**（dana）——是一種責任（niyama）。另一種是神聖的誓言，或稱**弗瑞塔**（vratas），其中一個是**達夏馬**．**孟加**．**弗瑞塔**（dashama bhaga vrata），從梵文翻譯過來是「什一誓言」。

至於猶太基督教，在舊約創世紀中就不斷提到什一稅。在上帝賜給他一場重大的勝利之後，亞伯拉罕「將他所有財物的十分之一」獻給上帝以示感激（撒冷王麥基洗德以上帝的名義接受的奉獻）。「在您賜給我的所有東西中，我將拿出十分之一獻給您。」這是雅各對上帝的誓言。為了報答利未人提供的政治與宗教相關服務，以色列人承諾給予「你這一世代所有東西的十分之一。」基督教繼承猶太教有關什一稅的原則，在公元五八五年的主教會議（Synod of Mâcon）上將其寫入教會法。

在錢幣盛行之前，什一稅往往是以收取實物的方式執行。一位農民可能會交出他收成的一〇%——他的穀物、羊毛、肉類或是牛奶；工匠則是交出他產品的一〇%；工人則是提供他十分之一的勞力。在許多宗教中，第一批收成都是交給教會。繳納十分之一的勞動力或是勞動力所生產出的東西，實際上就是所得稅。什一稅的稅收為徵稅的人帶來大筆財富與權勢，尤其是它還具有累積效應。

在法國，一場大革命終結了什一稅，在英國，什一稅則是逐步走入盡頭。十六與十七世紀宗教改革之後，英國許多土地都由教會轉到地主手中。什一稅本是附隨在土地之上，誰擁有土地，誰就擁有什一稅，但是在十九世紀初期，由於工業化、宗教異議、農業不振、所得稅以及錢幣盛行等種種因素，什一稅以實物繳納的方式逐漸過時，也不再為人們所接受。工業革命時期，無力繳稅是農民從鄉間移居城市的許多因素之一。一八三六年，英國國會通過一項法案，要求實物什一稅應改以更為便利的貨幣支付方式進行，因而改稱為「什一稅租費」。在此法下，繳納給地主的什一稅最終轉變為租金。

今天仍有許多人將其所得的百分之一捐給教會。德國依然實施教會稅，但是其稅率遠低於什一稅的十分之一。當初由教會所承擔的許多責任與服務，現今都已轉交給政府，什一稅也因此逐漸退出舞台。

如今，政治意識形態可能取代了宗教信仰，但是施捨的原則依然存在。不論是信徒與否，人們熱忱的堅持，依然帶動大筆資金投入過去原本由什一稅所承擔的服務——保健、教育與社會福利。的確，有些人甚至把對英國國家保健局（National Health Service，NHS）的依賴比擬作信仰。《衛報》的波莉．湯因比（Polly Toynbee）就表示，「NHS是我們的信仰」、「它的誕生是我們史上社會民主運動最驕傲的成就。」英國前財政大臣尼奈哲爾．勞森（Nigel Lawson）則表示，「NHS是英國人民最接近宗教之物。」我認為人們之所以真誠感受到它為我們提供的保護，是因為施捨濟弱、關懷助人的精神已在我們心中根深蒂固。稅賦只是將這些思想付諸實行的途徑。

有史以來最重大的考古文獻之一是稅賦文件

羅塞塔石碑（Rosetta Stone）是有史以來最重要的考古文物之一。該石碑於一七九九年為拿破崙的一位軍官在埃及北部城鎮羅塞塔（Rosetta）——今日的拉希德（Rashid）——發現。當時法國士兵洗劫埃及古墓，將墓內古蹟運回法國。該石碑也許是今天存放在大英博物館內所有的鎮館之寶中，最珍貴的一件。埃及當局對此卻是莫可奈何。

這座著名的黑色花崗岩石碑可以回溯至公元前一九六年希臘時代，埃及由托勒密（Ptolemaic）王朝統治的時期。此一石碑的重要性在於其上刻有三種不同的古文字——古希臘文（統治者的語言）、世俗體（人民使用的語言），以及象形文字（聖書體，神明使用的語言）。這三種文字同時出現，意謂學者終於可以解讀這些文字，特別是在當時令人費解的象形文字——於是四千年的古文明終於得以解碼。

我們知道若要強調一些事情的重要性，就會刻在石碑上而不是寫在紙莎草紙上。刻在石碑上，可以留存久遠。我們也知道刻在此一石碑上的事情一定十分重要，所以分別以三種不同的文字篆刻。如此一來，就可以讓更多的人了解。那麼，石碑上到底刻了什麼重要的事情？

該石碑其實僅是一座大石碑的一部分，上面刻著少年國王托勒密五世在一場叛亂後的詔書。此一詔書看來是在戰勝埃及叛亂集團後，為和平所做的努力——「恢復人民的文明生活。」而尋求和平的方式看來是對那些分離主義者予以特赦，尤其是稅賦減免。

根據此一詔書，托勒密五世「誠心誠意以金錢與玉米奉獻神廟稅收，並且致力促進埃及的繁榮。」、「而在埃及所課徵的稅賦中，他決定部分減免，讓他的臣民與其他人能在他的統治下邁向繁榮。」他也免除了「他們在埃及與王國其他地方所欠下的債務。」他頒布政令，「神明將繼續享用神廟稅收」、「僧侶向祭司認罪所負擔的稅賦」不應超過他父親時代的程度。

簡而言之，他是在說明一項財政方案。羅塞塔石碑是一項稅賦計畫。如果歷史學家想要了解某一時代的景況，研究稅賦文件往往能取得豐碩成果。這些文件大都保存良好——因為對統治者十分重要。稅賦可以透露出當代社會許多方面的事。

古希臘：如何自願繳稅

我們沒有，從來沒有，也不會有「自願」的稅制。

唐諾・C・亞歷山大（Donald C. Alexander），美國國稅局長（一九七三—七七）

試想稅賦只落在最有能力繳納的人身上；富者所繳納的稅賦，超過他所應繳的稅額，且是自動自發，而非逃稅、避稅，或是企圖減輕稅賦；稅收的支出是根據納稅人的意願；其中幾乎沒有牽涉到任何政府官僚之事。你可能會說：這是不可能的。然而歷史卻不同意你的看法。不論在算術、科學、戲劇以及哲學上，古希臘都有許多值得我們仰慕之處。這些之外，我們應該還要在此清單上加上他們早期的稅制。

和啟蒙時代的哲學家一樣，古希臘人把納稅歸在道德倫理的範疇內：一個社會是自由的，還是獨裁的——有多自由，還是受壓迫——都可以從其稅制看出來。亞里斯多德（Aristotle）便說過，「擁有較多的人應該多付，擁有較少的人應該少付。」古希臘值得我們仰慕的不在於他們課稅的方式，而是他們不必課稅的方式。他們沒有所得稅，也沒有訂定富人得拿出財富與人民分享的稅賦。他們的稅收是以一種自動自發的行為來取代：禮儀者（liturgy）。

Liturgy 源自古希臘文的 leitourgia，意思是「公共服務」與「人民的工作」，其概念是行善、公益服務與犧牲奉獻，乃植基於體現古希臘精神的神話之上。在希臘神話中，泰坦．普羅米修斯（Titan Prometheus）創造人類，在宙斯（Zeus）拒絕將火種送給人類後，普羅米修斯自天庭偷取了一道閃電送給人類，讓他們因而發現了火。普羅米修斯成為人類最大的恩人，但是他的罪行也讓他遭到宙斯的處罰，接受永恆的折磨。女神雅典娜（Athena）送給人民象徵和平與繁榮的橄欖樹，雅典因此以她為名。

亞里斯多德認為「偉人」的定義，乃號稱將財物大方奉獻給社區之人，貧窮之人永遠無法偉大，因為他們沒有可供奉獻的財物。他在《修辭學的藝術》（*The Art of Rhetoric*）中指出，富有包含有行善、捐錢、奉獻珍貴的禮物，以及幫助別人維持生活。醫藥之父希波克拉底（Hippocrates）也對這樣的社會責任深信不疑，他教導醫生「不時無償提供服務，時時記住以前的恩惠與現在的滿足。如果有幸為阮囊羞澀的人提供服務，要竭盡所能給予幫助。」

也許城市的基礎建設需要某種形式的改善，例如造一座新橋，或是戰雲密布時，需要籌措軍費，又還是需要舉行某種慶典，這時富人就會挺身而出。此一情況的基本理論是有鑑於他們享有相對較多的財富，因此應該擔負城市的開支。而且他們不只是捐出錢財，同時還要負責執行：監督工作是否完善是他們的責任。如此一來，相關的工作自然能確實進行，因為這關係到他們的名聲。

不同的時期有不同的需求（戰爭時期，會需要比較多），希臘大約有三百位到一千二百位的禮儀者，有的年輕，有的年長。在大部分的情況下，他們都是自願擔任。禮儀者並非依靠法律或官僚體系的運作來執行，而是憑藉傳統與公眾的責任感。這種自動自發，犧牲奉獻的動機來自贏得榮譽與名聲的獎勵。如果一項任務完美達成，贊助人就會在同儕與一般人民之間凸顯出他的出類拔萃。在古希臘早期，只有戰士才能掙得「英雄」的稱號，不過後來禮儀者也可以藉由貢獻公眾利益與人民福祉獲得英雄的地位。因為如此，許多人勇於奉獻，所捐出的財物多於外界原先預期的三到四倍——與今天只願意繳納法律所容許最低額度的文化截然不同。贊助人的自身利益是在於提供城市的福祉。

聲望最高而且最重要的禮儀者——同時也是最昂貴的——是海軍，也就是所謂的「三位一體」。三位一體是指建造、維護與操作一艘戰艦——具有三層槳座的戰船。這些戰艦壯大了雅典海軍的陣容——一度是世界最強大的——同時也保護航線免於受到海盜襲擊。它們扮演著保護貿易中心的角色，對雅典十分重要。古希臘許多建築物都是因為贊助人為爭取榮耀而興建的。泛雅典競技與酒神節都是由此而來。所謂「團長（choregy）」是指挑選、資助與訓練團隊者，以參加在雅典舉辦的各項節日慶典活動上的運動、戲劇與音樂等各方面的競賽。如果他的團隊獲勝，他也將聲名大噪。今天，我們仍可看到一些當年為紀念團長們所興建的三足鼎與石碑。

此套制度毫無疑問可以增加個人的聲勢，尤其是在政治方面。年輕的伯里克里斯（Pericles）在成為軍事統帥之前，為在雅典社會中博取名聲，在酒神節的慶典上獻出艾斯奇勒斯（Aeschylus）的劇作《波斯人》（*Persians*）。他的政敵客蒙（Cimon）採取了類似的回應方式，捐出了大筆個人財產。

無論出於何種原因，不願成為禮儀者的人都冒著受到公眾輕蔑的風險，但也有豁免，尤其是那些之前已為城市做出貢獻或是正在進行其他服務的禮儀者。此外，還有所謂的「代換」（antidosis），[1] 禮儀者可以主張由其他——公民乙——比較富有的公民擔任，較能擔負財務壓力。公民乙因此有三種選擇：接受禮儀者一職；在一個月內要求當局評判誰較為富有；或是互換財產。這套制度可以有效判別一個人是否如實說出他的財富多寡。

然而一場伯羅奔尼撒戰役（Peloponnesian War，紀元前四三一到四〇四年）如山高的戰爭花費，迫使雅典人不得不人人繳納戰爭稅，政府並直接針對他們的財富徵收財

產稅（eisphora）。自動自發的禮儀者於是逐漸消失，古希臘也開始踏上其他許多偉大社會所經歷的路程：他們早期的低稅賦與自由逐漸消失，隨著社會演進，政府的責任開始增加，尤其是在戰爭方面。

第五章

猶太教、基督教、伊斯蘭教以及稅賦

猶太人的經濟與政治故事

就是持續對抗重稅的抗爭歷程。

查爾斯．亞當斯（Charles Adams），《善與惡》（*For Good and Evil*）

如果古美索不達米亞是文明的一張搖籃，古埃及就是另外一張。

紀元前一三〇〇年時，希伯來人在埃及已定居約四五〇年，然而他們不斷增長的財富與人口，使得他們成為埃及當局眼中的威脅。第一世紀的羅馬－猶太學者提圖斯．約瑟夫斯（Titus Josephus）指出，埃及人對希伯來人愈來愈看不順眼，「十分覬覦他們的財產」、「看吧，以色列人愈來愈比我們強大，」聖經引述法老王（可能是拉美西斯二世（Ramses II））的話，「我們要施以巧計對付他們，免得他們進一步擴大。」

用來對付希伯來人的巧計就是對他們課以重稅。根據海因里希・葛瑞茲（Heinrich Graetz）在其著作《猶太人的歷史》（*History of Jews*）中的解釋，在那時期，一個人唯有身為戰俘、罪犯，或是無法償債與繳稅者，才會淪為奴隸。如同歷史長河中經常出現的迫害一樣，埃及人藉由重稅開始壓榨希伯來人。稅賦一直加重到懲罰性的程度，埃及人同時把「他們（希伯來人）交給監工，以苦力來折磨他們。」這樣的情況一路持續惡化。「埃及人嚴厲對待以色列人，」《出埃及記》（*Book of Exodus*）如此寫道，「他們讓他們的生活艱辛痛苦，逼迫他們做苦工、挑泥漿與搬磚塊，以及在田地間幹各種苦活。」在摩西（Moses）領導他們離開埃及時，原為自由身的希伯來人已成為奴隸——意謂你已失去對自身勞動力與整個自我的所有權——就各方面來看，這是課稅的終極版。

摩西帶領希伯來人來到西奈，使他們成為史上第一批流亡海外的避稅者。在此之後，我們有了《十誡》，建立了猶太人基督教的信仰基礎。因此，猶太教的核心就是一則有關稅賦的故事。

耶穌與稅吏

猶太教並非唯一一個以稅賦故事為核心的宗教。「就在那些日子裡，」《路加福音》寫道，「凱撒．奧古斯都（Caesar Augustus）頒布諭令，全天下都要課稅，所有人都要繳稅，每個人都要置身自己的城市。於是約瑟從加利利（Galilee）的拿撒勒城（Nazareth）來到大衛之城，人稱伯利恆（Bethlehem）……與他的妻子瑪麗亞一起課稅，當時瑪麗亞已即將臨盆。」

耶穌基督出生時，約瑟與瑪麗亞會身在伯利恆的原因是為了繳稅。這一故事的某些版本是說他們去伯利恆是為了接受戶籍調查（凱撒．奧古斯都為了進行稅制改革而下的命令），但是鑑於戶籍調查也是為了課稅，因此結論都是一樣的。無論如何，稅賦使得約瑟與瑪麗亞來到伯利恆。沒有稅賦，基督教的發展就不會是現在這個景況。

耶穌的一生不斷與稅賦糾纏。這其實不足為奇，他是一位革命家，他對羅馬稅制的不公，尤其是聖殿稅，憤憤不平。羅馬對任何不供奉羅馬神明的廟宇都課以聖殿稅。耶穌指責羅馬「世上諸王」只對某些宗教課稅，卻不對自己課稅。不過他仍建議繳納稅賦，「我們不應觸怒他們。」因為不論稅賦如何不公，拒絕繳納的結果——死刑或奴役——並不值得。

還有一則關於耶穌與法利賽人（Pharisees）的著名故事。耶穌在抵達耶路撒冷的神廟後，駭然發現有商人在廟內做生意。他「開始驅趕這些商人與顧客。」在這些人離開神廟後，他開始傳道。此一情況毫不意外地惹惱了法利賽人與他們的經師。他們的生意被打亂，連帶地，他們與負責為羅馬徵稅的猶太行省總督——龐提烏斯．彼拉多（Pontius Pilate）之間的關係，也遭到損害。他們打算除掉耶穌，問題是他太受歡迎。於是他們想出一條計謀來陷害他：他們要「利用他自己的話來請君入甕。」他們先是大力吹捧他，讚揚他追求真理的誠心、他的正直與公正。然後他們質問他，猶太人是否應該向凱撒繳稅，暗自希望他會回答不該繳稅——如此一來，他們就有理由將他交給龐提烏斯．彼拉多。「他們派出間諜，」《路加福音》寫道，「假裝是正義的，或許他們可以抓到他的話語把柄，將他交給總督。」

不過耶穌識破他們的詭計。「你們為什麼要測試我，你們這些偽君子，」他說道，「讓我看看稅金。」他們其中一人拿出一枚銀幣，耶穌問道：「上面是誰的圖像與文字？」他們回答「是凱撒的。」耶穌於是發出他的千古名言：「凱撒的物當歸凱撒，神的物當歸神。」眾人啞口無言。

耶穌儘管逃過這一回，但他最終仍是為稅法所害。

有些宗教獲得羅馬人的允許。猶太教就是這種所謂的**合法宗教**（religio licita），不會像凱爾特的德魯伊特教（Druidry）或是定期出現的酒神崇拜，遭到殘暴的迫害與消滅。羅馬人視這些宗教為**迷信**。無論如何沒有一位羅馬君王會忍受這樣的情況，他們威脅到羅馬的權威與稅收，羅馬法律長久以來都把自稱為王的人判為煽動叛亂罪。

再者，羅馬公民不會遭受釘上十字架的懲罰，只有非羅馬公民才會，而且只會因為三種罪行中的一種：企圖逃走的奴隸、攔路搶劫，或侵占與煽動叛亂。「我們發現這人企圖顛覆國家，」將耶穌帶到龐提烏斯．彼拉多面前的暴民喊道，「他反對對凱撒上貢（繳稅），並且自稱為基督君王。」他因鼓動人民拒絕納稅，被判煽動叛亂罪，而上了十字架。

耶穌基督從生到死的一生，就是一則有關課稅的故事。

稅賦與伊斯蘭教的興起

百姓貧苦是造成國家衰敗的直接原因，百姓貧苦的主因是統治者與其官僚對錢財貪得無厭的慾望。

阿里・本・艾比・塔里布（Ali ibn Abi Talib），第四任哈里發（六五六－六六一）

伊斯蘭教始自先知穆罕默德。在連年征戰無往不利、控制貿易路線與承諾一視同仁的政策下，穆罕默德在六三二年去世前已經統一了阿拉伯的部落。在他死後的短短三十年間，伊斯蘭已成為全球最大的帝國之一。伊斯蘭不斷擴大，歷史學家都在探討此一帝國是如何在七世紀與八世紀間迅速崛起。其實穆斯林的稅賦政策足以解釋一切。它誘勸信徒改變信仰的能力全球首屈一指。

阿布・伯克爾（Abu Bakr），穆罕默德的好友兼岳父，是他的繼任人——第一任哈里發。和羅馬共和國初期忠心耿耿，組織嚴密的軍隊一樣，伯克爾的大軍也全是志願者。在它的東北邊，是波斯的薩珊帝國（Sasanian Empire），於政治、社會、經濟以及軍事各方面都十分薄弱。薩珊帝國一度是世界強權之一，但是由於與其西北邊的敵人拜占庭（Byzantines）幾十年來的征戰，已是筋疲力竭，拜占庭同樣也是疲憊不堪。不論是波斯、拜占庭，還是羅馬，他們的人民都為重稅所苦。伯克爾認為只要減輕他們的負擔，就能獲得他們的支持。他於是宣布：「凡是能接受穆罕默德的宗教，以他的禱文祈禱者，」都可豁免納稅。

在伯克爾的命令下，將軍哈立德・本・瓦立德（Khalid ibn al-Walid）攻占波斯。當時波斯人民都是拜火教的信徒，需要向征服者繳納名為吉茲亞（jizya）的人頭稅。但是伯克爾下令，只要改信伊斯蘭教就可以豁免稅賦與重獲自由。即使是不願改信伊斯蘭教的人也不會遭到迫害——只要他們繳稅。至於不願繳稅的人就會遭到監禁、奴役與處死。「奉大慈大悲的神之名，」征服波斯的將軍規勸，「成為穆斯林，你就能夠得救。如果不是，繳納人頭稅，接受我們的保護，如果也不願意，我將派人來對付你，他們熱愛死亡有如你熱愛美酒。」死亡、稅賦與伊斯蘭，是他們的選項。許多人都選擇伊斯蘭教。

伯克爾的繼任人，烏馬爾（Umar）、奧斯曼（Uthman），以及阿里，都是採取相同的策略。穆罕默德的大軍所向披靡，橫掃北非，最終入侵西班牙。當時「異教徒去死吧！」的喊聲震天價響，但是伊斯蘭的成功，不僅在於刀與可蘭經，高明的稅賦政策也是功不可沒。他們所征服的土地皆少有抵抗。儘管他們可以和之前的統治者一樣，對人民課以重稅，但是他們既沒有這樣的手段，也無意這麼做。「稅賦相當沉重，」當代的一位歷史學家寫道，「許多富人與窮人都放棄了對彌賽亞的信仰。」——最大一批改變信仰的信眾就是基督徒。

即使是沒有改信伊斯蘭教的人民，往往也都為這些侵略者所帶來的政策而慶幸。有一則來自猶太的故事：一支過度深入的穆斯林軍隊面對來自安提阿（Antioch）的羅馬大軍，決定撤退。他們撤軍時，命令稅吏退還他們向人民徵收的人頭稅，因為穆斯林的軍隊已無法確保他們的安全，而「人頭稅不過就是保護費。」基督徒眾感激涕零，並祈求「願神帶你們回來。」猶太人則是信誓旦旦地承諾，「我們只要一息尚存，就不會讓羅馬皇帝占據這座城市。」

和之前的羅馬共和國侵略者一樣，穆斯林在占領一塊土地後會保留當地原有的稅制，不過為了安撫人民與爭取支持，他們會減輕稅賦，徵收的行動也不積極。例如在埃及，第四任哈里發阿里就指示他的總督要確保「當地已繳稅人民的繁榮。」「維護耕地較徵稅更為重要，」他表示，「因為如果土地沒有生產，你也無法取得稅收。」「如果不幫助農民改善土地，而只是顧著徵稅，」阿里說道，「只會造成農民的痛苦，並且毀了這個地方。這樣的統治者無法長久。如果農民因為瘟疫、乾旱、大雨、土地貧瘠，以及洪水而要求減輕土地稅，要接受他們的要求，幫助他們改善情況。不要擔心你的稅收減少，因為當土地收成增多，你的稅收也會增加，資助你改善當地的情況與增添國家的威望。」

阿里也再三強調不得羞辱納稅人。「如果你違反我的命令，自有神來處罰你。」他說道。

在伊斯蘭征服西班牙時也出現過類似的情形。「穆斯林打敗他們的敵人，」十二世紀的阿拉伯－安達盧西亞哲學家阿布．巴克．穆罕默德．艾德－屠圖希（Abu Bakr Muhammad at-Turushi）指出，「那些納稅的農民都受到良好的對待……他們關心他們，就像商人關心他們的貨物一樣。土地豐收，財源滾滾，軍隊補給充沛。」

頭四任哈里發（六三二－六六一）——正統哈里發時期——對伊斯蘭的軍事擴

張功不可沒，不過真正促成伊斯蘭帝國發展的是伍麥亞王朝（Umayyad dynasty，六六一－七五〇）與阿拔斯王朝（Abbasid dynasty，七五〇－一二五八）。伊斯蘭後來成為史上最偉大的帝國之一，在算術、化學、光學、外科手術、音樂、建築，以及藝術各方面貢獻卓著。它的貿易路線為歐洲帶來咖啡（經由衣索匹亞）與火藥（經由中國）。

但是隨著時間的流逝，異教徒愈來愈少，使得稅收大為短少，對人頭稅的宗教豁免權也成為過去式。埃及的一位統治者請求哈里發恢復對改信伊斯蘭的信徒課徵人頭稅，哈里發同意了。稅收通常優先於原則。伊斯蘭對於征服的人民，除了改信宗教的選項之外，還提供一項協定，稱作「齊米（dhimma）」，即是對於沒有改信伊斯蘭教的人給予保護，只要他們納稅、不攻擊穆斯林男子與招惹穆斯林女人。最初的稅率是一年一到二個第納爾（dinars），但是就和其所有的稅賦一樣，最後都提高了。對不信教的人課稅最終被證明是一條生財之道，以至於歐洲基督教也開始效法，然而卻與猶太人原本的理念有所矛盾。

伊斯蘭從來就不同於早期羅馬的共和政體，而是像羅馬帝國時期的專制政權。遠在天邊的哈里發難以阻止地方上的蘇丹將稅收占為己有。久而久之，伊斯蘭的大軍角色不再是解除或減輕人們的稅賦，反而是加重人們的負擔。每年一第納爾的人頭稅變成四第納爾。對田地收成課徵二五％的重稅已是司空見慣。此外，有許多報告顯示人民遭到稅吏的毒打與羞辱。有些人甚至把收據刺在脖子上以避免遭到重複課稅。一位穆斯林的官員爭取要對基督徒與猶太人的財產課徵其價值三分之二的財產稅。在埃及的一位官員則是引發暴動，因為在他下令提高土地稅的同一天，他的其中一個妻子身著一件價值三萬第納爾的衣服招搖過市。一名勇敢的顧問指出此舉有欠考慮，他表示：「這還只是一件衣服與一位妻子而已。」在西班牙，根據同時代的記載，稅吏「欺壓百姓，並且侵占他們的財產，迫使人民逃離家園，田地荒廢。蘇丹的稅收因此銳減，軍隊疲弱，敵人則日趨強大，強占穆斯林的土地，最終穆斯林落敗，敵人則獲得勝利。」所以，阻止了伊斯蘭繼續入侵歐洲的也許並非是庇里牛斯山，而是重稅。

第一任哈里發阿布．伯克爾在他去世時，將他在任內所積累的財產全都交還國庫。但是這種無私的行為已成過去。到了十五世紀，或者可能更早一些，伊斯蘭的黃金時代已經結束。重稅已成新常態。

伊斯蘭帝國最偉大的哲學家之一，十四世紀時的突尼斯人本．赫勒敦（Ibn Khaldun），在其代表作《歷史緒論》（*The Muqaddimah*）描繪了稅賦的循環：

在一個帝國的初期，稅賦都很輕，但是能獲得豐碩的稅收。隨著時間過去，王位交替，他們逐漸失去部落的習慣，轉而傾向較高的文明。他們的需求與要面對的緊急情況都有所增加……主要是因他們的奢侈生活所致。於是他們向人民開徵新稅與大幅提高既有的稅賦，以增加稅收……但是增稅對商業形成的衝擊很快就出現了。商人在比較他們的利潤與稅賦之後很快就對前景放棄希望。結果是生產大減，稅收驟降。

他這番評論適用於過去的羅馬與希臘，也適合後來的英國與美國。低稅賦與小政府帶動文明的發展，高稅賦與大政府卻是造成文明的衰頹。

高稅率並不代表高稅收

這也許有違直覺，卻是幾個世紀以來的觀察所得。低稅率往往帶來較高的稅收，高稅率的稅收卻是較少。

赫勒敦並不是第一位有此認識的人。這是第四任哈里發阿里的治國理念。我們都知道他不惜一切來保護納稅人的興旺。十八世紀的蘇格蘭哲學家大衛．休謨（David Hume）與亞當．史密斯也都有此認知，還有約翰．梅納德．凱恩斯（John Maynard Keynes），以及二十世紀的甘迺迪（J.F.Kennedy）與羅納．雷根（Ronald Reagan）和其他人。在一九二四年時，當時的美國財政部長安德魯．梅隆（Andrew Mellon）寫道，「有些人可能很難理解高稅率並不一定會為政府帶來高稅收，高稅收往往可能是來自低稅率。」不過此一論點最知名的支持者可能是美國經濟學家阿瑟．拉弗（Arthur Laffer）。

一九七四年，拉弗在華盛頓特區與總統理查．尼克森（Richard Nixon，當時才遭彈劾）的兩位前顧問迪克．錢尼（Dick Cheney）、唐諾．倫斯斐（Donald Rumsfeld），以及《華爾街日報》的記者裘德．萬尼斯基（Jude Wanniski）共進晚餐。拉弗談到現任總統傑拉德．福特（Gerald Ford）最近的增稅政策是錯誤的，不會帶動政府的稅收增加。為了強調他的重點，他在餐巾紙上畫了一條曲線示意。當稅率在最低點時，稅收也最低，但是稅率在最高點時，稅收仍是最低（因為經濟疲軟、獲利與營收減少、逃稅增加等因素所致），因此，此一曲線呈現出類似鐘罩的形狀。鐘罩的最高點就是稅收的最大值——就是說政府要使稅收最大化，此點就是達到此一目的的稅率甜蜜點。拉弗的論點讓在座的人大為激賞，萬尼斯基後來將此稱為拉弗曲線（Laffer Curve），儘管拉弗強調「拉弗曲線並不是我發明的。」他並且表示，事實上有許多人，包括凱恩斯與赫勒敦都發現了此一結果（或許我們應稱為第四任哈里發曲線）。

總統甘迺迪曾經說過，「這是一個充滿矛盾的真理，今天的稅率太高，稅收卻太低，而要長期提高稅收的最好方法就是降低稅率。」這是一個全人類——包括伊斯蘭帝國——經常忘記，必須時時提醒的教訓。

第六章 有史以來最重要的憲法文獻

稅，哈哈哈！美麗可愛的稅，啊哈！啊哈！

迪士尼電影羅賓漢（一九七三）裡的約翰王

綜觀歷史，統治者似乎總能為課稅找到道德上的立場。前英國財政大臣喬治・歐斯本（George Osborne）的糖稅不是為了充實國庫，而是為了你的健康。法國總統艾曼紐・馬克宏（Emmanuel Macron）的燃料稅則是為了氣候。即使是稅賦本身也被賦予道德感——納稅是你的「責任」、你的「貢獻」、你的「義務」。

中世紀的英國就有這樣的例子。有些騎士可能不願意追隨他們的國王上戰場，就必須以繳稅取代，即所謂的「免服兵役稅」，或稱懦弱稅。中世紀的英國國王因此獲利頗豐。

一一八七年，庫德族領袖薩拉丁（Saladin）擊潰十字軍，占領耶路撒冷，撼動基督教的核心。英國與法國的國王表示要再組一支十字軍奪回耶路撒冷，為了籌措軍費，亨利二世下令課徵新稅，稱作薩拉丁什一稅，針對所有的收入與可移動的資產課徵百分之十的稅；不過「武器、馬匹、騎士的服飾」與「馬匹、書籍、服飾，以及教士禮拜時所使用的所有物品」都得以豁免。人人都須繳納，除非你決定加入十字軍——這是很管用的徵兵招數。薩拉丁什一稅成為英國稅收的最大來源。毫無疑問，沒有人歡迎此一稅賦。有鑑於教會在徵稅的過程中扮演重大角色，坎特伯里大主教（Archbishop of Canterbury）埃克塞特的鮑德溫（Baldwin of Exeter）備受指責。當年，他很明智地跑到威爾斯躲起來。

不過亨利的十字軍一直沒有組織起來，反倒是與法國國王菲利普開戰，接著又和他自己的兒子打起來，直到他在一年後，也就是一一八九年，因潰瘍流血不止而嚥氣。他的兒子「獅心」理查視英國為課稅的地方，而非需要他統治的地方（在他執政的十年間，他在英國的時間還不到六個月）。理查登上王位之後，發現英國國庫充實，於是立刻發動第三次十字軍東征，但是他並沒有自薩拉丁手中奪下耶路撒冷，反而是在回程中成為俘虜，被押到神聖羅馬帝國的皇帝面前。神聖羅馬帝國的皇帝認為機不可失，要求十萬磅銀子的贖金，大約是前一年薩拉丁什一稅的稅收總額。於是，為了贖回國王，英國又開徵一種新的什一稅，這一回稅率是二五％，不是一〇％，連教士也不能豁免。此外，英國仍是繼續課徵免服兵役稅，而且還開徵一項新的土地稅。(1)

理查在五年後的一一九九年去世，他的弟弟約翰繼位，此人甚至企圖賄賂神聖羅馬帝國的皇帝把他的哥哥多拘禁一段時間。約翰繼承他兄長熱愛課稅的遺志，最終成為史上最惡名昭彰的橫徵暴斂君主。他在位十七年共提高免服兵役稅十一次，而且常常是在沒有戰爭威脅的情況下。他根據理查的稅制開徵新的土地稅，拒絕繳納之人的土地都遭到沒收。他也開徵一項皇家什一稅與新的進出口關稅，同時推出一套遺產稅制，欲繼承房產或古堡者必須先繳納一筆補償金，金額之大，往往超過那些貴族的能力範圍。他賣官鬻爵，因此上任的郡長為拿回投資會無所不用其極地貪贓枉法，特別是針對皇家森林的罰金。我們也因此有了羅賓漢與諾丁罕郡長的傳奇故事。約翰也出售興建城鎮的權利——其中一座就是利物浦。他在一二一〇年針對已為薩拉丁什一稅所苦的猶太人開徵特別稅，就是我們今天所熟知的佃農稅，使得猶太人又被剝削了四萬四千磅銀子。他甚至對想繼續守寡的寡婦課稅。這對於因替約翰赴戰場而失去丈夫的遺孀而言，想必是一件痛苦至極的事。

雪上加霜的是連年收成不濟，造成食物短缺，價格飛漲。儘管約翰為穩定通膨，在一二〇四與〇五年間更新幣制，卻依然無法平息社會動亂。英國人已經受夠了。

北方與東方的貴族宣布斷絕與約翰的君臣關係，自稱上帝之軍，進占倫敦。坎特伯里大主教史蒂芬·朗頓（Stephen Langton）尋求與國王和談。雙方在倫敦以西二十英里的蘭尼米德（Runnymede）泰晤士河畔達成一項廣泛政治改革的協議。協議中包括，新稅的開徵必須事先取得貴族的同意；免服兵役稅與其他稅賦必須設有上限；不得非法逮捕貴族，司法必須公正；教會的權利須受到保護，並延伸到自由人身上；貴族同意交出倫敦，並且解散軍隊。

叛變的貴族們並沒有交出倫敦，也沒有解散軍隊，他們並不相信約翰會履行協議，他也確實沒這麼做。他向教皇求救，教皇宣布此一協議是「恥辱、品格低下且毫無公義可言。」並開除反叛貴族們的教籍。

約翰並沒有捱過接下來的這場戰爭，不是軍事戰鬥，而是與疾病的戰爭，痢疾奪走了他的性命。他九歲的兒子亨利三世在威廉．馬歇爾（William Marshal）的保護下繼任王位。朗頓稱馬歇爾是「世上最好的騎士。」他說的不無道理。

馬歇爾先後侍奉過四位國王。在約翰去世，馬歇爾擔任監護人的情況下，許多叛變的貴族紛紛投降。在馬歇爾的領軍下，英國王室反而打贏了這場戰爭，時年七十高齡的馬歇爾老當益壯，仍挺身衝鋒陷陣。但是在隨後簽署的《蘭貝斯條約》（Treaty of Lambeth）中，馬歇爾必須確保那些叛變貴族們的忠誠。他自知來日無多，迫切希望能為九歲的國王建立和平與穩定。他對王室忠心耿耿，但是他也了解前三任國王的重稅所造成的後果。他認為兩年前泰晤士河畔那項胎死腹中的協議是眼前最好的機會，於是不顧他人抨擊他對待叛亂貴族太過寬大，重新頒布該協議。他此舉為未來的政府奠定基礎，該協議被稱作《大憲章》（*The Great Charter*），拉丁文是馬格納卡塔（Magna Carta）。

亨利三世在一二二五年再度頒布《大憲章》，藉以交換貴族同意課稅。他的兒子愛德華一世也曾仿效他的做法，《大憲章》因而成為英國的成文法。

當意義勝於現實

國王與貴族們來到草地上，
他們締造了有史以來最偉大的憲法。

湯瑪士．丹寧爵士（Lord Thomas Denning），英國法官（一九五七）

著名的英國法官丹寧爵士是《大憲章》的眾多仰慕者之一，但也許是基於對《大憲章》的迷思與其對古代自由的維護，使得《大憲章》之於世人的意義遠超過其文件本身。丹寧稱《大憲章》是「奠定個人自由對抗專制暴政的基石。」(6)然而實際上，相較於對國王與貴族的權益，《大憲章》對於一般人民的關切遠遠不足。在它的諸多條款中僅三條傳承至今，成為當今的法律，其他的在過去兩、三百年前都早已廢除。

不過，《大憲章》的迷思影響深遠，使其成為自由的象徵。在英國內戰時期，人們根據《大憲章》主張國王犯法，與庶民同罪。《大憲章》據信也是陪審團司法制度的起源。《大憲章》也掀起一六八八年光榮革命的政治思潮。不過，意義最為重大的是英國殖民地移民啟程前往新世界時，身懷皇家特許狀，強調他們與在英國出生的人擁有相同的「自由、公民權與豁免權。」這些移民相信《大憲章》是基本法。當他們發動美國獨立戰爭對抗英國領主時，他們堅信自己不是為了爭取新自由，而是要維護《大憲章》原本就賦予他們的權利。

美國國家檔案館告訴我們，「在美國革命期間，《大憲章》激勵人民為維護自由而戰。殖民地移民堅信他們擁有與英國人民相同的權利，也就是《大憲章》所保證的所有權利。他們將這些權利納入州法律，後來又納入《憲法》與《人權法案》。」

美國憲法第五修正案有這樣一段文字：「任何人的生命、自由與財產都不得未經正當法律程序而遭到剝奪。」這是根據《大憲章》迄今仍為英國普通法的三條法律之一所衍生而出，「除非進行司法審判或是根據國內法律，任何自由人都不得被拘捕、監禁、剝奪其財產、自由，或是出入海關的自由，又或被褫奪法律權利，或是遭到放逐；除非是在同行的合法判斷或土地法之下，我們也不得對其進行批判或是予以譴責。」

「人類史上的民主願望並不是最近才有的，」美國總統富蘭克林・德拉諾・羅斯福

（Franklin Delano Roosevelt）在其一九四一年的就職演說中對美國人民說道，「它記載在《大憲章》上。」

《大憲章》的思想源自約七百年前，為反對約翰王與其繼任者的橫徵暴斂而生，美國的立國精神以此形塑，即使在今天，它仍然是一個偉大的國家特質所在。

第七章 黑死病改變了歐洲的稅制

我們將親自參與這場戰爭：
我們的金庫因朝廷開銷巨大與慷慨的賞賜，已捉襟見肘，
我們只有將皇家土地出租，以其收入來支應我們的大事。

威廉．莎士比亞（William Shakespeare），《理查二世》（第一幕，第四景）

我們今天稱之為封建制度的中世紀統治體系，其實主要是一套稅制。在頂端的是君權神授的國王，他擁有所有的土地，這是財富最主要的來源。他自己保有大約四分之一的土地，部分交給教會，其他的則是賞賜給貴族。貴族則向國王繳納土地的部分收成、收益以及提供服務，同時也會在需要時供給國王騎士與士兵，以及他們的忠誠。

此套機制——以土地與保護來交換收成、利潤與勞務——貫穿整個食物鏈，直達底部的佃農與農奴。後者可能是羅馬奴隸的後裔，他們的地位只比以前略好。他們必須對領主提供勞動，他們的領主可能是騎士、貴族、教會，或是國王。他們會將大約半個星期的時間獻給領主的土地，剩下的半個星期則是在自己的土地上耕作，通常領主會賜給他們一小塊土地自力更生。到了收成的時節，他們會繳納部分作物，並獲准在領主的糧倉內碾碎穀物，但也須繳納部分穀物給領主。如果宰殺畜牲，他們也要繳納部分肉類給領主。農奴與土地血肉相連，如果土地易主，他們也隨之易主。除非得到領主的允許，他們不得離開土地，如果他們不告而別就會變成罪犯。與上層的騎士及貴族一樣，他們的身分也是世襲制，世世代代都無法擺脫農奴的枷鎖。

就本質而言，它就是一套稅制結構：由軍事力量執行控制與統治的制度。

然而黑死病在一三〇〇年代中期來襲。

黑死病約莫奪走了五千萬人的性命，占歐洲總人口數的六〇%。鄉村地區的災情尤其慘重，而歐洲有九〇%左右的人口都居住在鄉村。儘管各項估計有所不同，但總括來說，英國的人口因黑死病減少了三分之二，從六百萬人減至二百萬人。

黑死病席捲歐洲，對其封建制度造成重大打擊。「勞力短缺情況嚴重，前所未見。」當代一位編年史家如此寫道。農奴短缺，但是土地並沒有荒廢；工資上漲，地主的獲利則是銳減。在一三四〇到一三八〇年間，鄉間勞工的購買力增加了四〇%。

與此同時，許多農奴發現自己的領主消失了，他們於是成為自由人——無須花錢贖回自由身。為了鼓勵倖存者留下來，領主准許農奴恢復自由，甚至付錢請他們在田地耕作。農奴手上第一次有了錢。

統治階層的回應是立法來阻絕這種由下而上的反動力量。一三四九年，亦即黑死病席捲英國的一年多後，英國立法限制工資與物價。然而此舉並未成功。兩年後，英國勞工法出爐，對幾乎是你能想到的所有工作——農民、馬伕、裁縫、魚販、屠夫、釀酒販、麵包師——皆設定了每日工資上限。商人與勞動者對他們的商品與勞務不得收取超過黑死病之前的價格，如果違反法律，他們就會遭受烙印與監禁的懲罰。這些法律由地方法官負責執行，而他們大部分都是當地的地主。一三五九年，英國立法限制移民，一三六一年又立法加強勞工法。從來沒有一個政府會以如此令人嫌惡的方式聯合地主來欺壓百姓。但是儘管如此，仍是無法阻攔大勢所趨。低下階層開始穿上較好的服飾，通常與上層類似。他們的飲食也明顯改善。面對這樣的情況，英國在一三六三年通過反奢侈法，依據社會不同階層人士，明令限制他們的飲食與衣著材質和顏色。

當時英國與法國正處於後世所稱的百年戰爭的戰火之中。一三七七年，理查二世還只是個孩子，他的叔叔，同時也是軍事統帥、蘭開斯特公爵，岡特的約翰（John of Gaunt），英國最富有的人，實際上就是政府元首。他開徵一項人頭稅，以支應節節攀高的軍事費用。農民與地主都須繳納此一人頭稅，貴族們都支持此稅制，因為他們負責徵收，可以趁機揩油。就低階層人士而言，此稅不同以往之處，就是必須以金錢繳納，不得使用實物取代——每人四便士。此稅反映出勞工短缺對經濟造成的影響——即便是社會底層，現在也有錢了。

此稅原本是一次性的，但卻在兩年後再度開徵，由於稅收不如預期，因此又有了第三次：凡年滿十五歲以上，每人須繳交十二便士，相當於一先令。幾乎是一個星期的薪資，而且窮人繳納的和富人一樣多。此一人頭稅看來主要就是針對勞動階層。

人民開始設法逃避此一人頭稅。許多人都拒絕登記戶籍。岡特的約翰發現稅收少得可憐，大發雷霆。於是派遣專員到各地緝捕拒絕繳稅的人，其中一位是治安法官，名叫湯瑪斯．班普頓（Thomas Bampton）。

班普頓於一三八一年五月三十日來到艾塞克斯的弗賓（Fobbing），他下令召集村民。村民帶著弓箭與棍棒來到班普頓面前。班普頓宣布，他們不但要再繳一次人頭稅，而且還要替沒有來參加集會的人代繳。身為弗賓村民代表的麵包師湯瑪斯表示，村民已經繳過稅了，他們不會再繳。班普頓下令逮捕湯瑪斯。麵包師湯瑪斯竭力抵抗。在接下來的打鬥中，班普頓有三名屬下被殺，他本人則是設法逃了出來。

第二天首席法官羅伯．貝爾奈普（Sir Robert Belknap）帶著數名士兵抵達弗賓，他的計畫很簡單，就是處死帶頭作亂的人，以起殺雞儆猴之效，進而迫使其他人就範，老實繳稅。他始料未及的是，他竟遭到攻擊，他的士兵也被痛打一頓。村民甚至逼他「手按聖經發誓，以後絕不會再帶兵前來逼稅，也不會追究這件事。」獲釋後，「羅伯爵士立即逃返家園。」農民起義於是爆發。

冒犯國王的瓦匠

你們擺脫枷鎖與恢復自由的時機，
此刻到來了。

約翰．博爾（John Ball），牧師（一三三八—一三八一）

史書上，農民起義被嘲諷為一群烏合之眾的作亂，甚至將其敘述成頗為滑稽的事件。然而事實並非如此，即便「農民」二字都貶低了此一事件的意義，而且也不正確。儘管其中有許多農民，不過起義的民眾中，也包括普通的勞工、工匠與小商販。我們今天或可稱他們大部分是中產階級，更重要的是，這並非未經籌劃的突發性事件，而是一項謀定而後動的行動，況且就多方面來看，還是一個相當高明的策略——目標直指稅制。此一事件幾乎推翻英國的統治結構。

此一起義行動的意識形態領袖是一位名叫約翰．博爾的牧師。此人經常抨擊權貴，尤其是坎特伯里大主教，他的行為促使他被開除教籍，並多次進出監獄。他始終在宣揚經濟不公的理念，少說也有二十年。當主教禁止他「在教區與教堂布道」後，他轉而在「街角、廣場以及空曠之處發表演說。」而且往往是口沫橫飛，火力四射。博爾的講道總能吸引大批群眾。「他頗受無知群眾的歡迎，」當代一位史家如此寫道，「他講道時，總是以甜言蜜語來誘惑群眾，接著無所不用其極地毀謗教長。」博爾猶如中世紀的馬克思，宣稱「除非一切平等，英國沒有好日子。」「他們穿著綾羅綢緞與皮草，我們卻穿著粗布衣裳。」他喊道。「他們有美酒、香料與精緻的麵包，我們卻只有黑麥麵包與水。他們有豪宅與莊園，我們卻只能餐風沐雨。我們汗流浹背，他們卻是高高在上。我們是農奴，如果我們不幹活，就會被打得半死。」

博爾之於坎特伯里大主教如同芒刺在背，後者由於橫徵暴斂早已為人民深惡痛絕。大主教下令所有聆聽這名牧師布道的人都要受罰。此一禁令毫無成效，於是他把博爾監禁在梅德斯東古堡（Maidstone Castle）。博爾預言將會有二萬人來解救他。

弗賓暴動的消息很快就傳播開來。在艾塞克斯、肯特（Kent）、赫特福德（Hertfordshire）與薩福克（Suffolk）等地，人民合力趕走稅吏。有的稅吏丟失性命，首級被高懸竹竿之上，巡迴鄰村示眾。在艾塞克斯發生首次暴動的一週內，肯特的造反群眾攻下梅德斯東堡，救出博爾。博爾的預言應驗了。這次暴動也因此看來有如事先籌劃。更重要的是，正是博爾一直在敦促他的追隨者首要之務就是拒絕繳稅，現在他已獲得釋放，起義行動顯然受到上帝的眷顧：它自然已被賦予正當性與合法性。

我們對於肯特造反群眾的領袖所知不多，只知道他名叫華特（Walter），曾加入軍隊在法國參戰，是一名「瓦匠，一個下等人。」出於課稅目的，他被稱作瓦匠華特（Walter the Tiler），現今我們則稱他為華特．泰勒（Wat Tyler）。

肯特叛軍從梅德斯東進軍羅切斯特（Rochester），之後來到坎特伯里。他們放火燒毀保管稅賦文件的建築物，將所有的資料都化成灰燼，包括人民的姓名、所付的租金與提供的服務；律師與法律紀錄特別是他們針對的目標。他們獲得的指示是「殺光在法院與國庫的人與所有律師。」他們知道坎特伯里大主教是開徵人頭稅的共謀，於是前往大教堂逼大主教下台。大主教運氣不錯，他當時人在倫敦，不過叛軍仍宣稱已將他撤職。他們打開該市監獄，放出罪犯。他們的目的是要推翻整個體制。

次日，他們麾軍倫敦。進軍的時間安排與來自泰晤士河北邊的叛軍一致。分別來自艾塞克斯、赫特福德、薩福克與諾福克（Norfolk）的叛軍在麥爾安德（Mile End）

紮營，肯特的叛軍則是在布萊克希斯（Blackheath）安營紮寨。自班普頓被驅逐出弗賓後不到兩週的時間，就已聚集了數以千計的叛軍。編年史家湯瑪斯．瓦西漢（Thomas Walsingham）表示，「大約集結了二十萬人。」雖然實際上可能是三萬到五萬人，這仍然絕非臨時起意的反抗行動。這是經過事先籌劃，趁國王的軍隊不在國內駐防時所發動的起義。當時距離他們最近的軍隊正與蘇格蘭人打得如火如荼，其他的軍隊則是遠在海外。

叛軍對國王的怨恨遠不及對他的臣子。當叛亂的消息傳到耳際時，國王正在溫莎（Windsor）。他隨即搭乘皇家駁船返回倫敦。朝廷與叛軍約定六月十三日在羅瑟希德（Rotherhithe）會面，此地鄰近叛軍在布萊克希斯的營地。然而當國王的駁船接近時，他的隨從發現岸上集結了大批叛軍，於是阻止國王上岸。此舉激怒了叛軍，進而起身進軍倫敦。

倫敦市民同情叛軍的遭遇，儘管國王下令關閉該市的城門，市民仍保留倫敦塔橋任門戶洞開，讓肯特的叛軍從南邊進來，同時也沒有關閉阿爾德門（Aldgate），偷偷放艾塞克斯的叛軍從東邊進來。叛軍在倫敦市內四處作亂。與此同時，坎特伯里的監獄遭叛軍強行開啟，放出大批囚犯。所有在天波（Temple）的法律文件都被搬出來，直接在大街上引火焚燒；建築物也遭到燒毀，律師被殺。任何與稅賦有關的人士都免除不了遭受攻擊。

叛軍一心企圖揪出罪魁禍首岡特的約翰，他們衝進他所居住的薩沃伊宮（Savoy Palace），而他當時正在北方率軍對抗蘇格蘭人的入侵。叛軍燒毀公爵的家具、搗毀他貴重的金工製品、碾碎他的珠寶，放火燒掉他的檔案，並將所有無法以人力損壞的物品扔進下水道或是泰晤士河。然而他們並沒有偷取任何物品，由此可證，誠如他們所宣稱的，他們是「一群追求真理與公義的熱情人士，不是竊賊與強盜。」

在湧進倫敦的第一天，叛軍大都聚集在國王所在的倫敦塔外，可想而知，國王必然是驚恐地看著置身火海中的倫敦。國王手上只有塔內的駐軍與隨從，最多不過幾百人，所面對的卻是數以千計的叛軍。國王知道無法依賴軍事力量，但是他必須儘快設法讓叛軍離開倫敦。於是他同意於翌日上午八時在城外的麥爾安德與叛軍會面。

形同中世紀的許多談判，這次的主調也是陰謀與欺騙。泰勒提出人民的要求——停止課徵人頭稅。他們要求廢除農奴制與土地永佃制——人們應該因受僱工作，而非被強迫工作。他們要求自由交易——能夠隨心所欲地進行買賣。他們要求限制土地的租金在每英畝四便士與結束土地繼承稅。他們也要求一紙皇家特許狀來保障他們身為自由人的權益，以及赦免他們在反抗期間的所作所為。更重要的是他們列了一張「叛徒」的名單——那些橫徵暴斂，欺壓人民，引人痛恨的官員。他們要求這些官員投降並處以死刑。坎特伯里大主教與岡特的約翰都在這張名單之列。

由於手上兵力太少，國王立刻同意大部分的要求，條件是叛軍必須撤退返回鄉間。他拒絕交出名單上的官員，不過承諾會親自處置這些人。三十名書吏隨之書寫皇家特許狀。在拿到皇家特許狀後，許多來自赫特福德、東安格里亞（East Anglia）與艾塞克斯的叛軍開始陸續返回家園。他們相信朝廷已經同意他們的要求。

然而肯特的叛軍當天並沒有拿到特許狀，他們心中因此起疑。倫敦塔的大門敞開著等待理查回返，但已有約四百名叛軍搶先進來。他們發現有多位他們口中的「叛徒」——坎特伯里大主教西蒙．薩德伯里（Simon Sudbury）、財政大臣羅伯．海爾斯爵士（Sir Robert Hales）與稅務大臣約翰．里雅各（John Legge）就藏身塔裡頭。叛軍於是將他們拖至塔丘（Tower Hill），砍下他們的腦袋。當晚，倫敦四處充斥著作亂的叛軍，強行搜索與處死岡特的約翰的屬下，以及任何與執行法律相關的人士。

第二天，泰勒與國王再度會面，這一回是在市內的史密斯菲爾德（Smithfields）。叛軍的人數儘管已較前一日少，卻仍是關鍵多數。泰勒似乎被成功沖昏了頭。「他志得意滿地來到國王面前，趾高氣昂地騎在一匹小馬上，心想平民百姓可能會看到他，」一位編年史家如此寫道。他下馬之後，只對國王「半屈膝」，也沒有摘下頭罩（對國王大不敬的行為），緊接著「用手抓住國王，並使勁地搖動他的手臂，」稱他為「兄弟」。

「你可以安心了，」他告訴理查，「因為在未來的兩個星期內，百姓們對你的稱頌之聲，將遠超過之前你所獲得的，我們將會是好夥伴。」

編年史繼續寫道：「國王對泰勒說：『你們為什麼還不回去？』泰勒斬釘截鐵地表示，他與他的人馬不會離開，直到他們拿到他們想要的皇家特許狀。」

「他還要求英國應該只有一位主教……並應該拿走（教會）所有的土地與財產，分給平民百姓……他也要求英國不應有佃農與農奴……所有人都是自由的。」

儘管國王接受了泰勒的要求，但從泰勒隨後的舉止可以看出他似乎並不相信。他

「令人拿壺水來潤潤喉嚨，因為他太熱了，當水送來之後，他又在國王面前以相當粗魯與惡劣的態度大口吞灌。接著又令人送來一壺啤酒，當著國王的面一飲而盡。然後再度躍上馬背。」

就是在這個時候，國王——或是他的隨從——發動攻勢了。國王的一位來自肯特的隨從跳出來大聲指稱泰勒是「肯特最惡名昭彰的竊賊與搶匪。」「泰勒聽到之後大怒，以匕首攻擊這位隨從。」佚名編年史（Anonimalle Chronicle）寫道。這樣的行為對國王形同蔑視，全副武裝的倫敦市長立刻下馬逮捕泰勒。泰勒試圖反抗，市長「深深刺了他脖子一刀，之後又一刀砍在腦袋上。」之後「國王的一位隨從拔出劍來，連刺泰勒兩、三劍，泰勒身受重傷。」

泰勒試圖騎馬逃回他的同伴身邊，「高喊著要他們為他復仇，」但是沒騎多遠就摔下馬來。他的人已準備好拉弓放箭，但是又猶豫不決，因為他們不清楚發生了什麼事。這時年輕的國王展現出極大的勇氣與機智，他策馬騎向他們，高聲喊道他們所有的要求都已獲得同意，並要他們隨他到城牆外的克勒肯維爾操場（Clerkenwell Fields）領取特許狀。他們犯下了錯誤：相信了國王。

泰勒的死使得叛變功虧一簣。泰勒的腦袋被割下來懸掛在高竿上，在倫敦市內遊街示眾，最後高掛倫敦橋頭，讓所有人都看得見。農民起義遭到平定。

之後就是掃蕩搗亂分子的過程。國王的軍隊橫掃哈特福德、艾塞克斯與肯特。當軍隊逼近時，叛軍揮舞著特赦他們的特許狀，卻依舊遭到無情的砍殺。特許狀反而成為他們的處死令。國王反倒是對未經法律程序處死叛軍的人給予特赦。國王並向村民保證，凡是出面告發叛軍者都不會受到傷害，而被告發的全被處死。「你們現在是農奴，以後也是農奴。」國王說道。他早將承諾拋到腦後。

博爾在考文垂（Coventry）被捕，押到倫敦審判。在法庭上，他昂首而立，拒絕對他「不能接受」的信仰認罪，最後被判死刑。倫敦主教特將他的行刑日延後，希望他能懺悔罪行以拯救他的靈魂，但是博爾不肯就範。七月十五日，亦即弗賓村民揭竿起義的六週多一點後，約翰．博爾被處以吊剖分屍的大逆極刑。

對於參與者而言，農民起義是失敗了，但是其影響深遠。英國國會放棄限制工資；領主開始准許農奴贖身；佃農制也逐漸轉變為租賃制。英國從此有三百年不再開徵新的人頭稅。英國國會不再為支付百年戰爭的軍費而提高稅賦，反而決定減少軍事行動——結果導致英國輸了這場戰爭。一百多年來，英國極力避免為了海外軍事負擔而加重稅賦，直至亨利七世。

英國人厭惡人頭稅的情緒從來未曾消散。六百年後，抗稅群眾再度以反對人頭稅為名，將英國戰後最著名的首相瑪格麗特·柴契爾（Margaret Thatcher）拉下台。

柴契爾因農民起義倒台

十六年來，瑪格麗特·柴契爾一直想要對英國的稅制進行改革。她認為這套稅制已經落伍，而且她想讓地方的政務委員會承擔起減少開支的責任，尤其是那些在一堆沒用的計畫上耗費大筆經費的城市。在這點上，她的確有抓到重點。當時是「瘋狂左派（Loony Left）」的年代。在倫敦，哈克尼（Hackney）這座倫敦自治市結束與法國的姊妹結盟關係，西德和以色列則與蘇聯、東德和尼加拉瓜締結姊妹關係。蘭貝斯（Lambeth）另一座倫敦自治市則下令在政務委員會的文件中禁止使用「家庭」此一名詞，因為它帶有歧視的意味。肯寧頓（Kennington）一所倫敦內部教育管理局（Inner London Education Authority）學校的課程之一，是要學生寫抗議信，而且有份教材的標題是「奧斯威辛集中營：昔日的種族主義」（Auschwitz: Yesterday's Racism），以阿道夫．希特勒來比擬柴契爾的工會法。

一九九〇年初，柴契爾開徵社區稅，這是一種單一稅率的人均稅——換句話說，就是每人所繳的稅都一樣（學生與失業者有二折優惠）——用以支付當地提供的公共服務。由於各地方政務委員會提供的服務各不同，因此各地的社區稅也有所不同。柴契爾的想法是此舉可以讓地方政府的支出更為透明且更負責任，然而卻引發劇烈反彈。

社區稅顯然賦予地方太多責任。各地方的支出反而趁此大增，有的甚至失去控制，結果是當地居民發現自己得繳納大筆稅金。大眾尤其對於統一稅率感到不公。「西敏公爵（Duke of Westminster），」《衛報》（*Guardian*）指出，「過去要為他的房產繳稅一〇二五五鎊，現在他只要繳四一七鎊的人頭稅，而他的管家、廚師也繳交相同的稅額。」

執政已十年的柴契爾，民意支持度大幅下降，甚至連她的支持者也對她感到不滿。對於她的政敵來說，這更是將她拉下台的好機會。他們仿效一三八一年觸發農民起義的稅名，將她所提出的社區稅改名人頭稅。柴契爾試圖洗刷此一惡名，但沒有成功。與一三八一年的情況一樣，人民發動了一項規模龐大的抗稅行動——不能繳稅，不會繳稅——引發暴動與抗議。人民想出各種方法來逃稅。他們拒絕選民登記，使得政務委員會搞不清楚當地居民的身分。租客，尤其是學生，乾脆在租約快到期時不告而別，只留下一紙未繳的稅單。政務委員會無力課稅，隨著拒繳的人愈來愈多，委員會追稅的成本也告大增。反對人士藉由質疑欠稅償還責任歸屬的問題，阻塞法院程序的進行，接著又中斷法院為欠稅者舉行的聽證會，使得法律成本大增。需要追討的金額持續升高。與此同時，地方政府無力徵收稅款的情況也益趨明顯，進而導致更多的人拒絕繳稅。每五人之中，至少就有一人逃稅。僅僅為期六個月，柴契爾就辭職了。

統一稅率的人均稅看來簡單，但除非是由中央或是從源頭開始課徵，否則根本不可行。人民會直接感受到地方政府支出失控帶來的痛苦，然而他們不會怪罪負責支出的人，而是直接將矛頭指向當初規劃這項稅賦的人。為了課稅，柴契爾賠上了自己的政治生涯。

亨利七世的商業頭腦與封建制度的結束

農民起義並沒有結束英國的封建制度。此一根深蒂固的統治制度不可能在一夕之間煙消雲散。它的終結一直要等到一百年後亨利七世的財政改革。

如果要上一堂國家統治者如何避免戰爭的課，非亨利七世莫屬。亨利在位二十四年，從一四八五年到一五〇九年，這段期間只發生過一次海外軍事衝突。為了避免戰爭，他採取海外聯姻與結盟的政策。他具策略性的稅制與針對貴族的立法結束了貴族掌權的情況，進而終結了封建制度。此套稅制同時建立了至高無上的王權，並且賦予商人階級自由，為英國都鐸王朝盛世奠定基礎。亨利七世也是英國幾個世紀以來，第一位達成財政順差的國王。

他的政權始於一四八五年博斯沃斯戰役（Battle of Bosworth）的勝利，進而結束了玫瑰戰爭。他很快就給予敵人特赦，並與敵對家族的伊莉莎白成婚，促使約克家族與蘭開斯特家族共同結合在都鐸的玫瑰之下。他也因此得以控制兩個家族的所有土地與其他的好處。

他一心瓦解貴族的勢力與建立至高無上的王權，而他的做法就是積極累積財富。稅金、罰金與特赦因而成為他收入的主要來源。他開徵一種遺產稅，如果某人去世，但是沒有繼承人，他的土地就收歸王室所有。他也制定法律，凡是因叛逆罪而入監的罪犯，皆無須經過審判直接予以處罰，而處罰是死刑，或把他們的土地獻給國王。英國人口減少導致許多莊園的土地荒廢，亨利於是對任由土地荒廢的地主課以罰金。與此同時，他也竭力促進王室土地、與利用手段獲得的土地效能與收益最大化。

在歷經百年戰爭與玫瑰戰爭之後，貴族疲弱不堪，無力抗拒。不僅是對貴族課稅，亨利也禁止他們蓄養私人武力，進一步削弱他們的勢力。沒有軍隊，貴族就無法徵收他們的什一稅。與此同時，羊毛貿易蓬勃發展，代表圈養與放牧羊群已取代封建制度下，在曠野放養的方式。農奴的角色逐漸消逝，貴族可以徵收什一稅的農奴愈來愈少。英國經濟基礎已由土地改為金錢。亨利為了爭取支持，進而轉向財大氣粗的商人階級。

他與勃艮地的菲利普四世（Philip IV of Burgundy）簽署稱為《馬格努斯》（Intercursus Magnus）的貿易條約，以促進貿易。他也針對羊毛、皮革、衣服與酒類開徵關稅。為了鼓勵國內成衣業的發展，他對羊毛皮課徵的出口稅通常高達七〇％。他也大力發展海軍，並且建立商船船隊，後者可以作為海軍的補給，也幫助英國掌控自己的貿易。

在看到百年戰爭中，法國加農砲造成英國慘重的傷亡後，亨利開始製造加農砲彈，並在對抗蘇格蘭人入侵時加以使用。一四九六年，英國擁有第一座鼓風爐，煉鐵工業於是誕生。

亨利的財政改革使得王室的開支與國家的稅收有所區隔。他發行新貨幣以統一幣制。他也將重量標準化。他的司法改革保護貧民免於受到不公平的對待，同時對不誠實的法官給予懲罰，於是司法制度開始取代貴族天馬行空的裁決。

亨利的成就有許多是來自他優秀的商業頭腦。他非但沒有抗拒經濟的變遷與新技術，反而予以鼓勵。他竭力避免發動戰爭，並建立了巨大的財富。封建制度也逐漸淡出舞台。

儘管如此，他的兒子亨利八世繼位後的第一項行動，竟是在加冕兩天後，下令逮捕替他父親收稅的兩名臣子，理查・恩普森爵士（Sir Richard Empson）與埃德蒙・達得利（Edmund Dudley）。這兩人都被控叛國罪遭到處死。

第八章

稅賦如何塑造我們今日所知的現代國家？

儘管都鐸王朝時期的英國相對穩定，但很快地這個國家就會再次爆發戰爭。一如既往，稅賦仍是關鍵所在。

在邁入十七世紀之際，英國王室的稅收主要是靠國會來徵收。當時的國會是由鄉紳名流所組成，只有他們有能力與權力徵稅。

與國會維持良好的關係對於任何一位君主而言，都十分重要，但是在詹姆斯一世於一六〇三年登基為王後——斯圖亞特王朝（House of Stuart）的第一位國王——雙方間的關係趨於緊張。當時國王債台高築，國內通貨膨脹嚴重，加上國王有奢侈揮霍的惡習。最重要的是，隨著日後世人所稱的歐洲三十年戰爭的逼近，不久後將會出現海外軍事衝突，勢必需要龐大的軍費。詹姆斯需要錢，他尤其緊盯海關的稅收與消費稅。但是國會基於其他的原因不願給他。

王室與國會間因稅收引發的緊張關係一直持續到詹姆斯的兒子，一六二六年登上王位的查理一世。查理娶了一位信仰天主教的女子，使得他與國會間的敵意更為加深。國會拒絕授權他徵收海關的相關稅收。他急著用錢，索性解散國會，重組新國會，然後又將其解散，之後有長達十一年的時間未再重組新國會。歷史稱這段期間為「十一年暴政」（Eleven Years Tyranny）。不過這段時間有個美妙之處，即由於缺乏經費，迫使原本好戰的國王只好與歐洲謀和，實現了和平。

查理於是另謀生財之道。他利用罰金來斂財。他出售頭銜——一旦拒絕接受，就會被課以罰金。還有一項稅收無須經過國會的同意——船稅——他摩拳擦掌，準備開徵。但是船稅只能在戰爭爆發時才得以開徵。一位名叫約翰·漢普頓（John Hampden）的政治人物拒絕繳納，在一六三七年被告上法庭。他輸了官司，卻也因此出名，並且促使大眾開始思考稅收與國會間的關係。「這是英國國王無權要求，英國人民有權拒絕的東西。」漢普頓表示。

一六三九年蘇格蘭人入侵英格蘭，查理被迫召集國會以籌措軍費。國會同意了他的要求，但是有一個條件：國王必須處決他的高級顧問。國王堅信君權神授，國會吃了熊心豹子膽，竟敢命令國王？他打算逮捕五位最嚴厲批評他的政治人物，其中一位就是拒絕繳交船稅的漢普頓。英國內戰於是爆發。

英國內戰其實是持續多年的軍事武裝衝突，通常分為三場戰役。在第二場之後，蘇格蘭人將查理一世交還英國國王——以交換十萬鎊與日後還會增加金額的承諾。國王因此史無前例地成為法庭被告。

查理堅稱此一審判是非法的，因為他的權力來自上帝，沒有任何一個法庭能夠審判君王。檢察官中，有一位檢察長約翰·庫克（John Cooke），他無視於生命受到威脅，一心要打贏這場官司。他表示，查理利用自己的權勢追求個人的利益，而不是國家的福祉，因此他犯了叛國罪。國王「只能根據本國法律所賦予的有限權力來治理國家。」

查理一世最後被判有罪，處以死刑。一六四九年一月三十日下午二時，查理被砍下腦袋，隨之而去的是君權神授的思想。從現在開始，國王就和所有人一樣，是在法律之下。若非國會掌控稅收，這根本不可能發生。

他的兒子查理二世繼承王位，但是在位時間短暫，在國會打贏伍斯特戰役（Battle of Worcester）後，他於一六五一流亡國外。英國內戰結束，共有三十萬人左右，相當於總人口的六％，死於這場戰爭。

英國成為清教徒軍事領袖奧利佛·克倫威爾（Oliver Cromwell）的保護國。克倫威爾肩負監國大任，年薪是令人咋舌的十萬鎊——正是自蘇格蘭人手中贖回查理一世的金額。不過英國作為保護國的情況並沒有持續太久。在克倫威爾於一六五八年去世後，他的兒子理查無法繼續控制軍隊，於是自動放棄監國權力。他所造成的權力真空使得王室得以復辟，查理二世重登王位，就是著名的「歡樂王」（Merry Monarch）。在經過清教徒多年的壓抑之後，他看來正是英國所需要的國王。他有不少政績，克倫威爾下令關閉劇院，也禁止耶誕節，查理則是將兩者恢復，並首次允許女性登上舞台。

他的確不負「歡樂王」這個綽號。他有七位情婦，為他生下至少十幾個兒子，但是沒有一個合法，這也是他在一六八五年臨終前告白的原因：「我很抱歉，各位，在這個時候嚥氣。」他的合法繼承人是遠不及他活躍，同時改信羅馬天主教的弟弟詹姆斯。大部分成員為新教徒的國會不信任這位新國王，懷疑他既支持法國，也支持天主教，圖謀恢復英國固有的王權。當詹姆斯被宣布為王位繼承人後，國會為防患未然，與荷蘭國王威廉三世（William of Orange）結盟，聯手罷黜這位新國王。

詹姆斯輕易就遭到擊敗。國會於是邀請威廉與他的妻子，剛好就是詹姆斯的女兒與王位繼承人瑪麗共治——條件是他們必須同意權利法案，該法案規定他們必須經過國會的同意才能開徵稅賦。國會開始實現當初所奮鬥的目標，並且透過控制國王徵稅的能力來限制其權力。權利法案同時也規定國會定期開議、自由選舉與在國會中的言論自由，該法案也確立基本人權，在法律上加強對個人生命、自由與財產的保護。這就是「光榮革命」（Glorious Revolution）。

英國的權力結構產生改變。現在有了明文規定：英國國王必須得到國會的同意才能統治國家與開徵稅賦。直到今日仍是如此。稅收是國王的財產，但只有國會才能決定徵收的來源與方式。這使得聯合王國成為一種不合時宜的產物。由於稅收屬於國王，負責徵收的單位——稅務局——也不必直接對國會負責。

如今，在英國國會上、下議院集會的西敏宮大廳，有一尊當年拒繳查理一世船稅的政治人物約翰．漢普頓的雕像，他已然成為國會權利的捍衛者。同時，英國國會在每年議會開議時，都會紀念查理一世當初試圖逮捕的五位國會議員：約翰・漢普頓、亞瑟・黑塞爾瑞格（Arthur Haselrig）、丹吉爾・霍利斯（Denzil Holles）、約翰・皮姆（John Pym）與威廉・史羅德（William Strode）。此外，英國下議院大門傳統上都要在國王信差面前關上，以象徵國會獨立於國王的權利。因徵稅而起的英國內戰，確立了英國今天的政治制度。

美國：無代表的納稅就是暴政

約翰・漢普頓挺身對抗查理一世的立場與理由，後來成為美國革命分子的口號。他們的呼喊擲地有聲，至今仍是：「無代表，不納稅。」（No taxation without representation.）十三州聯合站起來反對英國領主課稅。他們的勝利建立了全球最強大的國家，美利堅合眾國。

然而諷刺的是當時北美移民並沒有受到虧待。英國所課徵的稅收大部分都是花在北美身上。以這些稅收所支持的軍事行動，移除了法軍對北美的威脅，同時也打開了大西部的疆域。北美移民在英軍的保護下，土地肥沃、生意興旺。當時的北美移民也不受歐洲嚴格的社會階層限制。他們的孩子也不會被徵召入伍，送到不知名的遠方作戰。北美移民的反抗不是由於稅賦的多寡所引發，不在於課徵的方式。美國獨立革命為我們帶來一個在課稅方面的教訓：因為誤判而立法會導致重大的危險。

一如既往，一切都肇端於海外軍事衝突。在歐洲國家之間爆發的七年戰爭（一七五六—六三）戰火遍及五大洲，使得英國負債累累。英國認為他們的北美表親理所當然應該分擔一些將法國從北美驅離的債務。因此，一七六四年英國開徵了食糖稅（當時大部分稅收都是來自海關與消費稅，目的就是為了保護英國商人的利益）。後來的美國總統約翰·亞當斯指責此一蔗糖法造成「龐大、繁重、壓迫、毀滅與不能容忍的稅賦。」但是其實只有新英格蘭的六州受到衝擊，其他各州並未受到影響。真正激怒十三州，並且導致他們團結在一起的是翌年所開徵的稅。

英國當時國內問題重重。一七六五年的暴動導致多位稅吏喪命。英國面臨赴海外找尋稅收的壓力，首相喬治·格倫威爾（George Grenville）詢問國會，國王是否有權向海外移民課稅，國會同意了。於是英國推出一項印花稅，以籌措資金來支應駐守殖民地的軍隊經費。

印花稅意謂必須向政府購買印花稅憑證，貼在報紙、紙牌、法律文件、土地權狀、商業執照、文憑與其他文件上，以證明其具有法律效用。儘管印花稅在歐洲相當普遍，但是在殖民地則不然，因此引發反彈。殖民地的移民認為，這種直接稅違憲，違反了《大憲章》的精神。如果要實施，至少也應允許殖民地在國會擁有代表。包括班傑明．富蘭克林（Benjamin Franklin）在內的一支請願團，隨即趕赴英國請求廢除印花稅。儘管富蘭克林警告，北美人民對英國的情感「已明顯改變」，即便在兩年前還認為英國是「全世界最好的」，但是請願團仍空手而返。

北美洲的反對聲浪日趨高漲，城鎮集會、演說，甚至出現暴動。當地興起一個政治團體，名叫自由之子（Sons of Liberty），經常利用威嚇與暴力的手段來阻止印花稅的使用。稅吏遭到嚴重騷擾，群眾焚燒他們的肖像。整個北美地區的人民群起抵制英國的產品，使得來自英國的進口銳減。英國商人也開始反對印花稅，他們龐大的影響力，迫使英國在一七六六年通過宣示法，廢除印花稅。北美人民歡聲雷動，然而喜悅之情很快就結束了。

為了安撫國會中要對殖民地移民以下犯上行為予以嚴懲的議員，宣示法有一項附錄，聲明「無論在何種情況下，國會都有權制定約束北美殖民地的法律。」這表示國會如果有意，仍然可以對北美課稅，北美地區不能自治於英國的國會之外。國會堅持要有絕對的權力，由此不難看出北美移民為何不悅，以及對於不經他們同意就開徵稅賦的不滿。

財政大臣查爾斯・湯森（Charles Townshend）為了彌補國內刪減土地稅造成的稅收短少，在殖民地針對來自英國的貨品開徵新稅，包括紙張、玻璃、油漆、鉛塊與茶葉。殖民地移民很快就看出此一稅法不是為了名義上的貿易規範，而是單純地增加稅收。就本質而言，這與直接的印花稅一樣惡劣。最惡劣的是英國當局徵稅的方式。稅吏「視所有的貿易商如同詐騙犯。」任何違反此一稅法的行為都會導致整艘船、貨物，甚至水手的私人物品被全數沒收。他們並對通風報信者給予獎賞——沒收貨品的三分之一——進而造成告密、多疑的風氣，並且不時發生誣告與編造假消息的情事。這項稅收原本有大部分是為支應軍隊所需，但是即使如此，也無助於軍隊對稅吏的輔助與保護。

富蘭克林寫了一篇諷刺小品來突顯此一稅法的荒謬。他這篇小品題為《偉大帝國沉淪為小國的規律》（*Rules by Which a Great Empire May be Reduced to a Small One*），其中第十一條寫道：「讓你的徵稅令人生厭，最好是造成反抗，派一批官員來監督徵稅的工作，這批人最好是你能找到最粗魯、沒教養與最傲慢的傢伙。……如果有稅吏被指責態度兇狠，不要理會，如果有人抱怨稅吏，拔擢他們……」第十五條則是寫道：「以拉皮條的碼頭工人與殖民地官員來取代勇敢、正直的士兵把守海關……以武裝艦艇搜索殖民地海岸的每一個海灣、港口、海口，以及每一處角落；攔截與扣留每一艘船舶、木船與水手；從裡到外仔細搜索他們的貨物與壓艙底的重物，即使只是找到一文錢，只要不該出現，就沒收船隻與貨物。」

與此同時，要求殖民地移民對英國軍隊提供吃住的駐營法，使得緊張關係更為惡化。在英國，只要屋主反對，軍隊便不准紮營在私人場所，為什麼到了北美洲，規定就變了？殖民地移民認為他們的權利與自由遭到侵犯。他們與英國人民應該擁有平等的地位，並不是從屬於英國。

殖民地移民再次抵制英國的貨品，貿易銳減。自由之子持續不斷進行恐嚇。波士頓是情勢最為緊張之地，其中一次暴動演變成著名的波士頓大屠殺，當時英國士兵遭到暴民攻擊，於是開槍還擊，射殺五人。後續的調查與審判出現各種不同的版本，雙方也因此大打宣傳戰。亞當斯寫道：事件發生這天「奠定了美國獨立的基礎。」

經濟低迷與商人的請願，促使英國在一七七〇年廢棄湯森的稅法，不過仍象徵性地保留了稅率輕微的茶葉稅。儘管英國的妥協使得緊張關係趨緩，但是茶葉，這個英國大部分人民最常喝的飲料，最終卻成為引發革命的最後一根稻草。

到了一七七三年，北美殖民地商人抵制英國茶葉已達五年之久。當地所喝的茶葉有九〇%都是來自荷蘭，而且都是走私進來的。荷蘭的茶葉比較便宜，況且喝荷蘭的茶葉還可以避開討厭的英國茶葉稅。然而英國的東印度公司（East India Company）正陷入困境之中，為了支撐這家公司，英國國會通過茶稅法，讓東印度公司擁有英國茶葉市場的獨占權。更重要的是，該公司也獲准對北美殖民地直接銷售茶葉，無須繳稅。這代表英國的茶葉會變得比荷蘭便宜，而美洲的貿易商則被排除在市場之外。美洲商人的利益大受打擊，他們不甘損失，於是假扮印第安人，登上英國船隻，將茶葉倒入港口。此舉並沒有獲得北美殖民地的全面支持，這是嚴重違反私有財產權利的行為。有許多人，包括富蘭克林在內，都認為應該給予茶葉持有商全額賠償。英國方面通過了多項強制性法案，要重拾控制地位。他們禁止城鎮集會，限制眾議院的權利。他們封閉波士頓的港口，直至東印度公司獲得賠償（該公司一直未獲賠償）。這些強制措施只是火上加油。

一七七五年戰爭全面爆發，主要是愛國者（美國輝格黨）對抗英國，不過法國、西班牙與荷蘭都牽涉其中，站在愛國者這一邊。戰爭持續六年，最終英國覺得對軍隊的三千英里補給線實在太長，成本也太高了，愛國者得到最後的勝利。結果是英國保有加拿大，西班牙得到佛羅里達，美國則是擁有兩者之間的所有土地，一路向西直達密西西比。

諷刺的是，相較於美國現今所面對的義務，英國的稅賦根本微不足道。在這場戰爭中有數以千計的人喪命。倖存的人有許多返回家園後，面對的卻是農莊荒廢或是破產的命運。在北美移民中有二〇％仍效忠英國，戰後他們失去所有財產，被迫逃離美國，遷移到北方的加拿大或南邊的巴哈馬。加上戰後必須償還戰爭債務，革命期間治理美國的大陸議會（Continental Congress），既無力負擔士兵的遣散費，也無法支付戰爭債務的利息，更遑論本金了。美國大量印製鈔票來支付戰爭費用，結果造成惡性通膨（「一文不值」（not worth a continental）這成語正是由此而來）。

英國也得到了教訓。「大英帝國議會的稅法，」國會輕描淡寫地指出，「偶爾會引發不安與騷動。」一七七八年，喬治三世通過一項新法案，宣稱英國「不會為了提高殖民地稅收的目的而開徵任何稅賦。」自此之後，要開徵新稅，必須先獲得當地政府的同意。愛國者不僅為自己，也為大英帝國所有殖民地贏得戰爭，直至二次大戰結束，帝國瓦解。

由此顯示，思慮不周的稅法是因，一個低稅賦國家的建立是果。

美國於焉誕生。

法國：自由、平等、博愛

路易十四統治法國長達七十二年，是在位最久的歐洲君王。一七一五年，他躺在病榻上對他的繼承人說出臨終遺言，「別跟隨我的壞榜樣。我總是輕率開戰，為了虛榮心又不願停戰。不要模仿我，願你成為一位太平王子，減輕你的子民的負擔。」他留下了一個財政凋敝的國家。

可是沒過多久，他的囑咐就被拋至腦後。戰爭接二連三地爆發。一七四〇年代先是爆發奧地利王位繼承戰爭（War of the Austrian Succession），接著是七年戰爭，法國將北美殖民地割讓給英國，海軍全毀。路易十六決定支援美國獨立戰爭中的叛亂集團，這場戰爭耗費龐大，法國軍隊至少有一萬人喪生。法國似乎擺脫不了揮霍無度與熱愛戰爭的國王。這些國王使得國家負債累累，而幾十年來的先開戰後付款政策與統治階層的腐朽墮落，代表了這些債務根本不可能獲得償還。國債高築進而無可避免地造成稅賦加重。

歷史學家們永無止境地探討法國大革命的成因，但是若要用一個字來總結所有的原因，就是「稅」。法國的稅太多、也太高了。法國反覆無常的稅法，毫無公正可言，而且也無力負擔統治階層奢靡浪費的習性。這其實相當諷刺，法國支持因為不公平的稅賦而引發的美國獨立戰爭，然而它自己的稅制卻是腐化、相互矛盾與無能的代表，最終還因此爆發革命。如果要找一則與道德相關的稅賦故事，非法國大革命莫屬了。

法國是歐洲重稅國家之一——而且它並非如英國是一貿易大國，也沒有工業革命初期大幅增加的生產力來彌補財源。

法國有**土地稅**，針對每戶家庭所擁有的土地來課徵。還有人頭稅與**二十分之一稅**（e vingtième），這是為「緩和」國家財政赤字的一次性課稅。農民必須向教會繳納什一稅，以及領主所有權稅。在封建制度下，人們不能擁有自己的收成與土地。法國還課有消費稅與所謂的入市稅等關稅。由於難以防範法國海岸線的走私活動，政府乾脆在每座城市的入口開徵**入市稅**（octroi），這對一般人民造成嚴重的打擊。巴黎城內還築有一道牆，以徵收**入市稅**與防範逃稅。法國大革命時，這道牆是最先被拆除的建築物之一。

食鹽稅（gabelle）是最受人民厭惡的稅目。有些人得以豁免此一稅賦，但是其他人卻須繳納高於鹽價十倍的食鹽稅。一般家庭必須購買官訂最低數量的食鹽，通常都是以人為操縱的高價購買。照理說，此一最低數量應是一般家庭的平均所需，但是實際上的數量卻遠大於家庭所需。政府還規定民眾不能丟棄食鹽，也不得保留到第二年，因此到了第二年，民眾還須再次購買更多的食鹽。如果有人想用鹽來醃製魚或肉類，必須先得到官方鹽倉的書面許可，而且還須另外再繳一筆稅。為了避免繳納食鹽稅，有許多人乾脆放棄吃鹽。

十七與十八世紀時，在法國幾乎所有流通的東西都須課稅，包括食物、酒類與菸草。你可以想像這些東西在法國多麼受到歡迎。有一段時間光是紅酒就有五種稅要繳：在葡萄成長、收成、釀造、運輸與銷售等各階段都須課稅。因此在法國，農民只喝蘋果酒。

法國大部分的稅收都是委託所謂的**包稅人**（fermiers généraux）來徵收。這些人熱中於他們的工作，往往會使用威脅恐嚇的手段。他們的效率頗高，將國家分成好幾個區域以利徵收。他們還成立大型公司發行債券，後來政府就使用這些債券來償還債務。稅務承包是一項非常賺錢的行業。有位名叫安托萬・克羅札（Antoine Crozat）的包稅人富可敵國，其資產之一是整個法屬路易士安納州。

地方官員會徵收稅賦，然後把稅收交給財政收入官，後者再轉交給國庫收入官，最後納進皇家財庫。你絕對猜想得到在稅金上繳的過程中會發生些什麼事。當時法國的會計稽核十分落後，王室人員根本無從得知正確的稅收金額，也不會知道中間流失多少稅金。有一則故事是說國王詢問他的臣子，為什麼國庫收到的稅收這麼少。一位大臣拿出一塊冰，經過在場所有臣子的手再交給國王，這時冰已融化，什麼都沒有了。

為執行稅法與打擊日益猖獗的走私活動，政府當局實施嚴厲的監視行動。調查人員可以不經宣告就闖入民眾家中進行搜索。他們經常使用恐嚇威脅的手段。伏爾泰（Voltaire）曾經描述他因食鹽稅糾紛導致家產遭到搜索的情景：「一支包稅人隊伍，大約五十人，攔住所有的車輛，搜索所有的口袋。他們闖進屋內，以國王之命極盡破壞之能事，並且向農民強討錢財。」

儘管要繳納重稅，但是一般人民在政府內根本沒有置喙的餘地。唯一能夠讓政府聽到他們聲音的辦法就是發起暴動，而他們也經常這麼做。但是如果是波爾多（Bordeaux）的釀酒商起而抗議，迫使政府減稅，也只是他們獲利而已。勃艮第（Burgundy）的釀酒商想減輕稅賦，只有發動他們自己的抗議。法國政府沒有統一的財政政策，而且反覆無常，相互矛盾，所造成的不公，就和重稅本身一樣，使得人民大為不滿。

有兩個階層的人幾乎可以完全豁免課稅——教會與貴族。教會可以選擇每五年納一次稅，不過這並非強制性的規定。貴族，同時也是軍隊的菁英，顯然是以他們的服務與鮮血來取代課稅。這樣的豁免權也帶動一種新行業的興起，就是賣官鬻爵。這樣的情況只是使得稅法更加混亂。法國出售官位與貴族頭銜的做法可謂惡名昭彰，美國的建國先驅堅持在憲法中增加兩項條款，以確保不會發生這樣的情事。

每次要對稅制進行改革的企圖總是遭到貴族的反對。例如一七五〇年的**土地稅**改革計畫是要撤銷教會、貴族與若干省分的土地豁免權。但是在貴族的壓力下，國王不但取消此一稅改計畫，還開除了當初提出此案的部長。土地稅最終變成了「農民稅」，因為除了農民之外，其他人都設法躲掉此稅。

不過與此同時，中間與較低階層的人也開始了解他們的處境。拜啟蒙運動的哲學家所賜，**自由**、**平等**與**博愛**的觀念廣為傳播。此外，有關王室並非奉天承運，而是昏庸無能的異端思想也開始出現。

美洲因「無代表，不納稅」而起的革命消息逐漸傳到法國。百科全書整整二十七卷的科學革命與哲學思想也廣為流布，其目的就是「改變人們的思考方式。」當代主要思想家的貢獻包括：「就課稅而言，任何特權就是不公。」（伏爾泰）；「只有基本生活需要的人不應繳稅。」〔盧梭（Rousseau）〕，還有「（法國的稅制）使得窮人變成乞丐、工匠變懶散、不幸的人變成流氓。」（雷納爾（Raynal））。法國背負重稅的中產階級愈來愈痛恨那些不必繳稅的政府高官與特權人士。國王荒淫無道、統治階層奢靡冷漠、政府制度過時落伍且無力改革，以及「相互矛盾、蠻橫無理、處處陷阱」的稅制「毫無作用，只會造成濫權。」在在使得社會不滿情緒高漲。

一七八七年二月，法國財政一塌糊塗，財務總監查爾斯．亞歷山大．德．卡洛納（Charles Alexandre de Calonne）召開「貴族」會議，提議以增加特權階級的稅賦來削減預算赤字。貴族不肯退讓，問題於是向後推延。一七八八年，農田收成不振、作物乾枯，食物價格大漲，社會更加躁動不安。

最後，法國社會的三個階層——神職人員（第一等級）、貴族（第二等級）與其餘的人（第三等級）——召開三級會議（Estates General），商討如何解決眼前困境。社會對此一會議期望頗高，一時之間法國出現了許多討論該如何改革的小冊子。第三等級推出一本陳情書（cahiers de doléances），列舉出各項不公的政策清單，其中最主要的就是稅賦。

一七八九年五月五日，三級會議在凡爾賽宮召開。但是與會人士對於應該如何表決無法取得共識。第三等級的代表對於會議進展感到失望，於是宣布自行成立國民議會（National Assembly），並且誓言絕不解散直至法國制定新憲法。國王同意了，於是國民制憲議會（National Constituent Assembly）正式成立。

然而幾乎就在轉瞬之間，國王立即召集軍隊解散國民議會。與此同時，各地謠傳貴族陰謀推翻第三等級。這樣的情勢足以引發起義。一七八九年七月十四日，巴黎群眾攻占象徵王室暴政的巴士底（Bastille）監獄。革命之火勢如燎原，全法國飢餓而憤怒的農民都揭竿而起，對抗他們的領主。

第三等級的國民制憲議會宣布廢除封建制度與什一稅，接著推出《人權與公民權宣言》（*Declaration of the Right of Man and of the Citizen*），主張自由、平等、財產的不可侵犯性，以及抵抗壓迫的權利。該宣言也指出，稅賦必須在全公民之間平均分配，根據他們的能力課徵；公民有權主張他們對稅賦的需要、同意是否開徵、監督稅收的使用，以及決定比率基礎、如何課徵與稅賦持續期限；同時社會有權對政府的每一位公僕問責。

國王拒絕頒布宣言。巴黎群眾於十月五日再度起義，攻進凡爾賽宮。至於其他的情況，就如歷史所載。

革命群眾首先採取的行動之一是廢除稅務委外的制度。在法國大革命中被砍下腦袋的不只國王，還包括多位包稅人。徵稅的權力已由王室轉移到國會手中。貴族、神職人員、省分、城市與企業組織，所有與稅賦相關的特殊地位與特權悉數遭到撤銷。過往的稅制已成歷史。

但是新政府迫切需要稅金來維持運作。新政府之前嚴厲譴責食鹽稅，然而現在卻要求大家都繳納食鹽稅直至找到更好的法子。可是沒有人理會。新政府又要求每人捐出所得的二五%——其實就是所得稅——但是同樣沒有人理會。新政府迫切需要資金來償還公共債務，於是沒收天主教會的土地——約占全法國的三分之一。政府以這些土地作為擔保發行債券，償還債主。債券持有人可以將債券換成土地或是轉賣他方。在一個現金短缺的國家，這樣的債券實質上就等同於法定貨幣。但是政府毫無限制地發行債券，舊債券也沒有因為已用來贖回土地而銷毀。人民很快就對債券失去信心，通膨開始增溫，演變成惡性通膨，導致該貨幣在一七九七年崩盤。

法國迫切需要一位領袖來指引方向。這個人就是軍事領袖拿破崙。他策馬巡視巴黎，群眾高喊：**「不增稅！打倒富人、推翻共和，皇帝萬歲！」**

拿破崙不能沒有稅收，不過在三人的輔佐下，他為法國帶來稅制改革。這三人分別是馬丁—米契爾—查理・戈丁（Martin-Michel-Charles Gaudin）、弗朗索瓦・巴貝—馬波斯（Francois Barbe-Marbois），以及尼可拉斯・弗朗索瓦—莫里恩（Nicolas Francois-Mollien）。他也創立了多個新的公部門：財政部、國庫署，以及一八〇〇年的法國央行。

為了解決包稅人的問題，拿破崙成立了一個專門負責徵收稅款的單位，稅吏的薪水都是固定的。為了鼓勵人民納稅，他承諾將巴黎最美麗的廣場以率先繳清稅款的地區命名，這就是孚日廣場（Place des Vosges）的由來。

他試過許多新稅，有些成功，有些失敗。最終留存的有土地稅、年租金一〇%稅率的商業稅，以及各類執照稅。他也規定勞工與農民一年要繳交三天的酬勞。此外，酒類、紙牌、馬車、鹽、菸草與門窗都須課稅。

每個部門的開銷都會嚴格監控，以維持預算平衡。政府堅決反對貨幣貶值。生活成本因此固定。政府也竭力避免舉債——拿破崙厭惡高利率——同時也消除過去的國債。在這樣的情況下，政府終於達成財政平衡，是七十年來首見。總括而言，稅賦降低，而且也更加公平與有效。

但是儘管如此，仍是無法應付拿破崙軍事冒險行動的開支。他是靠著四處征戰來籌措財源：先是掠奪搜括，然後再課以重稅。他尤其垂涎義大利北部的財富；他不但加重當地既有的稅賦，同時還根據他新建的課稅機制來開徵新稅，除了消費稅與執照稅外，還有入市稅。此舉很難獲得被征服土地人民的好感，同時也意謂他對當地的控制難以持久。他對攻城掠地軍事成功的依賴也曝露出他的弱點——他無法承受戰敗。慘遭滑鐵盧只是遲早的事情。

法國排斥與厭惡納稅的情緒持續逾百年，儘管期間政權不斷更替。英國與其他地方都課有所得稅，但是法國沒有。法國曾多次提出與討論課徵所得稅，但屢屢無法接受稅務稽查與累進稅率的不公。法國訂定的稅賦都必須遵守若干基本原則。課稅的標的必須是物品，而不是針對個人。針對所得、土地與商業的課稅，必須根據既定地產或經營多年的典型所得來估算，而不是依賴精準的計算。沒有申報所得不會受到處罰，會以推算的假定所得取代。法國的稅制主要反映出一個以小型企業、製造商與貿易商為主的國家，並且將稅務人員與納稅人的接觸降至最低，稅率絕不可以超過一二%。法國因而蓬勃發展。

在美國內戰結束不久，法國贈送美國一尊巨大的雕像——一位象徵希臘自由女神的長袍女子。她右手高舉火炬，代表光明、透澈與真理，左手則是抱著一塊石碑，上面刻有美國獨立宣言的簽署日期。她的腳邊有一段斷裂的鐵鍊。自由女神已成為自由與美國的象徵。法國與美國都視稽核所得稅為敵人，是對自由的侵犯。

不過這一切都隨著第一次世界大戰而結束。最後，法國人民的所得稅申報表複雜有如英國人的行程表。今天，法國的政府支出約占GDP的五六%，是全球稅賦最重的國家之一。法國人民，身著黃背心，再度起而抗議。

英國政府偷走了十一天

在英國，會計年度始於四月六日，截至來年的四月五日結束。知道這是為什麼嗎？

直到一七五二年，英國的新年都不是始於隆冬的一月一日，而是始於與季節相連的春分（白晝與夜晚的長度等同），即三月二十五日——聖母日（Lady Day，春季結帳日）。

英國以前都是使用儒略曆（Julian calendar），因制定此曆法的朱利略斯．凱撒（Julius Caesar）而命名。聖母日是四分日之一，另外三個分別是仲夏日（Midsummer Day，六月二十四日）、米迦勒日（Michaelmas Day，九月二十九日）以及聖誕日（Christmas Day）。四分日十分重要，是付房租、結清帳戶、僱用僕人與學期開始的日子。此一傳統可以一直回溯至中世紀。

聖母日是介於播種耕作與收成之間的日子，因而成為農民與地主間長期合約的起始日。在這一天常常可以看到農民由原來的農莊遷移到新農莊。這天也是會計或合同年度的第一天。

一五八二年，教宗格雷戈里十三世（Gregory XIII）推動曆法改革，推出更為準確的格里曆（Gregorian calendar）。在法國領銜下，歐洲紛紛開始採用此一新曆法。當時仍獨立，且信奉天主教的蘇格蘭，在一六〇〇年也跟進改採格里曆。不過信奉新教的英格蘭一直抗拒使用此一由天主教制定的曆法。

到了一七五一年，由於雙重日期（人們使用不同的曆法）的問題嚴重，以及為了配合蘇格蘭與歐洲其他地區，英國國會通過曆法修訂法，從儒略曆轉至格里曆，從此開始，一月一日才成為一年的起始日。

雖然一七五一年因此變短，只有三月到十二月，英國還是需要修正十一天來結合兩種曆法。因此，在一七五二年九月二日星期三之後，緊接著的日期是九月十四日星期四。就是這樣，英國消失了十一天。

可是稅賦與其他到期的合約仍需要在三月二十五日的聖母日繳清。稅吏認為應課徵時間完整的稅賦，但是人民卻認為應該減去這消失的十一天。他們高喊：「歸還我們的十一天！」甚至因此出現暴動。

最後透過將會計年度的起算日延後十一天至四月六日開始，才解決這個問題。直至今日，這天仍是會計年度的起始日。

第九章

戰爭、債務、通膨、饑荒與所得稅

所得稅——「這個巨大的財政引擎。」威廉・格萊斯頓（William Gladstone）曾如此形容——對於現代史的影響可能要超過所有的立法。

所得稅不僅是「擊敗拿破崙的稅賦」，也是決定第一次世界大戰輸贏的關鍵，它資助美國參加二次大戰，進而為盟國贏得勝利；今天，它是全球各種形式的福利國不可或缺的一部分。

沒有所得稅，我們不會有現今所有的公共教育、社會福利、保健與退休金制度。

在美國，政府六十五％的稅收是來自所得稅，(1)德國也是如此，(2)英國則是四十七％。多虧有所得稅，今天全球大部分已開發國家才得以有現在的社會民主模式。現今的社會之所以成形，正是因為所得稅。

大眾普遍認為於一七九九年在英國推出所得稅制的首相小威廉．皮特（William Pitt the Younger），是將此稅帶給全世界之人。實則在他之前已有許多先例。荷蘭共和國曾在一六七四年與一七一五年兩度推出所得稅，法國也曾在一七九三年大革命之後實施。荷蘭則於一七九六年再度開徵所得稅。

還有一個先例，比皮特早了四百年左右。一四〇四年一月，英國國會同意國王亨利四世課徵一次性的所得稅，條件是下不為例。因此，為了隱瞞後人，當時財政部與國庫署沒有保留下任何相關證據，所有的紀錄都被燒毀。當代的一位編年史家湯瑪斯．瓦西漢在其鉅著《英格蘭史》（*Historia Anglicana*）中描述該稅「令人生厭，而且繁重。」但是也僅止於此。他並沒有告訴我們徵收了多少稅金，或是如何估算稅率。「我曾經試圖了解其中的運作。」他表示，但是國會並不想讓任何人知曉。我們可以猜測，但是我們永遠無法得知真正的理由。

不過話說回來，即使是這個鮮為人知於一四〇四年的課稅，也並非有史以來第一次徵收所得稅。我們都知道所得稅真正的起源可以一直回溯至古代的美索不達米亞文化與什一稅。

擊敗拿破崙的課稅

〔英國〕在與拿破崙的戰爭中向人民課的稅，
甚至超過對抗希特勒時所徵。

安德魯．蘭伯特（Andrew Lambert），歷史學家（二〇〇五）

當皮特在一七八三年上台擔任英國首相時，英國每年稅收在一千三百萬鎊左右，債務是二億三千四百萬鎊，債務利息則為八百萬鎊。

十年後與法國的戰爭爆發，整個情勢惡化。皮特反對法國的大革命，他擔心這樣的暴動會蔓延至英國，他絕不允許這樣的情況在英國發生。為了支持歐洲其他王室對抗革命浪潮，他在歐陸撒下大筆銀子。他送去歐陸的金幣上頭鑄有聖喬治的頭像，後世因而稱該金幣為「聖喬治的黃金騎士」。

皮特在一七九三年到九八年這五年期間，國家支出幾乎全靠舉債而來。在一七九八年時，國債高達四億一千三百萬鎊，每年要負擔的利息隨之加重了一倍之多。英國的債主之中，有一位是銀行家納森．梅爾．羅斯柴爾德（Nathan Mayer Rothschild），此人後來成為全球首富。

然而，情勢益發嚴峻。

英格蘭銀行最初是於每季以黃金與白銀來繳息，不過隨著利息負擔加重，它改以紙鈔支付，並且大量發行小額紙鈔。「實際上，」湯瑪士．潘恩（Thomas Paine）表示，「英格蘭銀行根本沒有半毛錢……整個資金籌款系統有如繫掛在嫩枝上。」造成的影響是，用以鑄幣的貴金屬之價值遠高於貨幣本身的面值，許多人開始將錢幣熔解成貴金屬塊，出口至歐洲大陸。英格蘭銀行發現自家的黃金與白銀愈來愈少，於是請求皮特通過一項法案，免除該行以黃金與白銀贖回紙鈔的責任。皮特照辦了。英鎊從此變成不可與貴金屬兌換，英國也由此放棄了金本位制度。

結果是在整個戰爭期間，通膨以「英國人民前所未見的速度」飆漲。麵包、肉類與啤酒的價格上漲了五〇％、乳製品七五％，食鹽漲幅更是驚人的二七〇％，房租也上漲了百分之七六％。但是工資大致未變。總體而言，是由英國的一般民眾來承擔貨幣貶值的後果。禍不單行，一八〇一到〇二年間，英國發生大饑荒，通膨更形惡化，引發暴動。

皮特是在一七九九年推出他的所得稅，以應付債台高築與紙鈔印製所造成的惡劣財政情勢。當時海軍叛變，陸軍則是餓著肚皮打仗。他迫切「需要金援來繼續進行這場戰爭。」

當時英國政府的情況可說是「不論看到什麼，先課稅再說。」有馬車稅、男僕稅、磚塊稅、玻璃稅、窗戶稅與壁紙稅。拉貨的馬匹要課稅，騎乘的馬、賽馬與狩獵也要課稅。一七九五年，皮特課徵髮粉稅。一七九六年，對狗的飼主課稅。一七九七年，對鐘表課稅。一七九八年課徵紋章稅，不論該紋章是在馬車上、印章上、圖章戒指上，抑或在人身上。

他還推出三重估價法，即不論你的資產估值是多少，都必須繳納三倍到五倍於估值的稅金。例如你有二十鎊的資產，你就必須繳納六十鎊的稅金。或者，你可以申報你的年所得，然後就你的年所得繳納一〇%稅金。英國政府原本希望一年能徵收到一千萬鎊的稅金，結果卻是短缺了四〇%。皮特將此歸咎於「無恥的逃稅」與「令人髮指的造假」，然而真正的癥結其實在於其稅制的設計。

如何成功課到稅：就源扣繳

一八〇二年和平再現，促使皮特的繼任人亨利．阿丁頓（Henry Addington）得以撤銷所得稅。只是一年之後，英國與法國又回歸敵對狀態，所得稅於是重新恢復徵收。不過這一回阿丁頓做了一些基本上的改革。

皮特的所得稅最令人詬病的是侵犯了人民的私生活。阿丁頓的改革著重於兩項目標：避免侵犯人民私生活與預防人民欺騙。他還設計了一份五重點進度表，[3] 一路沿用至今。

他最大的創新是就源扣繳。在皮特的所得稅系統下，納稅人有繳稅的責任。而在阿丁頓的規劃下，在所得發生時便即時予以扣繳。銀行在將債券利息付給持有人之前，公司在將股利分給股東之前，就已先行扣繳稅金。以公共稅收支付的薪資與退休金在給付前也須自源頭先扣繳所得稅。這套模式在二十世紀下半被廣為引用，今天大部分的國家也都沿用此制。

阿丁頓的所得稅雖然仍舊令人生厭，但遠比皮特的成功。儘管其最高稅率是五％

（一開始實施的時候），低於皮特的一〇%，不過總體上卻比皮特多徵收了五〇%的稅金。有鑑於阿丁頓的稅制十分成功，他，而非皮特，應該被視為現代所得稅之父，儘管皮特的失敗可能為他指點了迷津。

一八一六年，在滑鐵盧戰役一年後，與法國間的戰爭總算告終，卻也收到約三百七十九件反對徵收所得稅的請願書。雖然財政大臣希望保留所得稅，但是下議院投票表決撤銷該稅，「迎來如雷掌聲，」而且「持續了好幾分鐘。」大眾痛恨所得稅造成的隱私侵犯，所有的相關資料都被裁碎重製成紙漿，財政大臣甚至公開燒毀文件。

但是副本卻被送至國王的財務紀事官處保管，不知是出於何種原因，這些資料一直沒有遭到銷毀。重要的是，這套稅制已證明確實可行，真的可以徵收到稅金。這是政府絕不可能忘記的經驗。

戰爭的代價：永無止境的債務

沒有任何事物會比不斷擴張的稅制與沉重的債務，更能令國家死氣沉沉。

威廉・柯貝特（William Cobbett），時事評論家（一七六三－一八三五）

拿破崙戰爭使得英國增加了高達六億英鎊的債務。這場戰爭的花費是前四場戰爭加起來的三倍。所得稅確實使得政府對借貸的依賴有所減輕，但是政府仍有一半以上的支出是靠借貸來融資。

一八五三年，英國首相威廉・格萊斯頓認為「如果我們早點實施所得稅，我們對債務的需求就不會像現在這個樣子。」他聲稱「債台高築所帶來的沉重壓力與嚴酷傷害」其實是可以避免的。他並且拿出數據來支持他的主張。

但是如果由人民直接而立即地承擔戰爭的費用，戰爭根本就打不起來。光靠課稅不足以承擔戰爭巨額的花費。富人不會支持，中產階級與貧民又負擔不起。格萊斯頓本人則認為所得稅是檢驗戰爭的工具。「透過年復一年的課稅來滿足支出的需要是一項有利大局的檢驗，讓他們了解當前的情況，同時也促使他們評估得到這些好處的成本。」政府舉債與放棄金本位制度讓英國得以度過危難並掩蓋了實際的成本。這兩項因素，再加上所得稅，幫助英國贏得戰爭。

諷刺的是，相較於英國，在此期間法國仍然實施正統的雙金屬本位制。由於革命前的奢侈浪費與貪污腐敗，法國毫無信用可言。英國則有較優質的財政紀錄，並擁有一套公開的國會審核預算制度，這代表英國可以享有較低的貸款利率，同時擁有開徵通膨稅的空間。不過，後來因批評政府而入獄的威廉．柯貝特在其著作《紙鈔對黃金》(*Paper Against Gold*) 中，卻是強力抨擊政府在財政上耍花招，並強調穩定的黃金貨幣之必要性。借錢的容易性使得發動戰爭過於草率。亞當．史密斯的觀點和半個世紀後的格萊斯頓一致：「以借貸為主的戰爭融資系統是在持續不斷地欺騙人民。後果影響深遠。人民並不清楚自己在做什麼。」

為了讓柯貝特與其他的批評人士閉嘴，政府針對出版品、小冊子、廣告與紙張提高課稅，阻撓他們與他們所訴求的對象——勞動大眾們直接接觸，尤其針對各省。這即是後世所知的「對知識課稅」(知識稅)。

在拿破崙戰爭中所積欠下的債款與隨之而來的利息，使得英國人民陷入長達五十年的苦難。十九世紀上半勞工階級的生活條件之差前所未見。狄斯雷利（Disraeli）表示，當時英國的農奴數是諾曼人征服英格蘭以來最多。根據社會歷史學家約翰與芭芭拉．哈蒙德夫婦（John and Barbara Hammond）對工業革命如何影響勞工階級的研究顯示，勞工階級每賺二十二鎊，其中就有十一鎊是對生活必需品徵收的間接稅。難怪許多人會前往美國尋找改善生活的新機會。十九世紀的製造業城鎮經濟快速發展，有助減輕負擔，然而若非十九世紀初皮特的欠債，英國的貧窮人口不知會減少多少？

皮特在一八〇六年去世，人們發現他身後還負債四萬鎊。他的僕人多年來一直在欺騙他。看來他不僅是對於國家的財政粗心大意，對自己的財務也是。

一八四二年，所得稅在廢除僅僅二十六年後，因羅伯特．皮爾爵士（Sir Robert Peel）的上台重返他的第一部預算書中。

皮爾有兩個難題迫切需要解決：英國經濟陷入衰退與前朝遺留下來的七百五十萬鎊預算赤字。皮爾認為必須降低稅賦來獲得較高的稅收。他的方案是重新開徵所得稅，稅率是三％。當初是將這設想為臨時性的措施，只要政府收支恢復平衡就會廢除該稅。時隔一百七十五年，我們仍在等待這一天的到來。

所得稅的成功消滅了該稅被廢除的希望。即使是在皮爾當政的時期，所得稅所產出的稅收也比原先預期高出五〇%。一八五三年格萊斯頓當上財政大臣，他信誓旦旦地表示將廢除所得稅，但是國家債務綁住了他的雙手。

格萊斯頓不喜歡所得稅。他說：「查稅是最嚴重的問題，隨之而來的造假與欺騙，情況之猖獗，難以名狀。」但是他已深陷其中，難以自拔。一八五四年的克里米亞戰爭使得情況更糟，而到了一八六〇年，政府財政甚至愈加依賴所得稅。「如果我們的支出能夠維持平穩，」他表示，「或僅在一八五三年之前的二十五年間緩慢增加，並且以難以察覺的幅度成長，我們就能夠廢除所得稅。」

在一八七一年的大選中，格萊斯頓與狄斯雷利都反對徵收所得稅。最後由狄斯雷利贏得大選，但是所得稅依然存在。格萊斯頓表示，這應歸咎於「政府的公共支出」以及「拋棄了節儉的精神」。

到了一八七五年，所得稅成了永久性。

羅伯特．皮爾爵士——英國最偉大的稅改英雄之一

羅伯特．皮爾爵士應被視為英國最偉大的稅改英雄之一，儘管他的成就有些可能只是源於意外。他宣稱：「我們必須使這個國家成為一個生活開支低廉的國家。」而他在一八四二年重新開徵所得稅——針對年收入在一百五十鎊以上的人課徵每鎊七便士的所得稅——意謂他同時能夠廢除超過六百項的稅賦與降低逾五百個項目的稅率。拜他的稅制、貿易與財政改革所賜，英國的確出現收支順差。

在廢除的稅目中有針對糖類、牲口、棉花、肉類與馬鈴薯的課稅，以及玻璃稅。「我們對於取消玻璃稅予以喝采，」《柳葉刀》指出，該期刊形容玻璃稅是「政府所能施加於國家最殘酷的稅，只有穀物稅能與其匹敵。」皮爾最終也取消了穀物稅——卻也因此下台。

惡名昭彰的「穀物法」是在拿破崙戰爭之後實施。為了保護國內的作物生

產者不致受到麵包價格下跌的傷害，利物浦爵士的保守黨政府對進口穀物課徵關稅。為保護國內地主免於受到海外競爭的情況下，政府盡量不施壓要求他們提高生產力。穀物的成本因此居高不下。這些不必要的成本壓力使得生活原本就很辛苦的英國勞工階級更加艱辛，但是同時也創造出一批有史以來最富有的貴族。擁有大筆土地的賈德幹（Cadogan）、威斯敏斯特（Westminster）以及貝德福德（Bedford）等貴族的財富，都是奠立於這些保護性的關稅上，至今，他們在倫敦中部的精華地段仍擁有許多地產。威斯敏斯特公爵迄今依舊是世界上最富有的人之一。經濟學家山姆・威爾金（Sam Wilkin）在其著作《百分之一的致富祕訣》（*Wealth Secrets of the One Percent*）中指出，從古羅馬的馬庫斯・克拉蘇（Marcus Crassus），美國鍍金時代的洛克斐勒（John D. Rockefeller）、摩根（J.P. Morgan）與安德魯・卡內基（Andrew Carnegie）到今天的比爾・蓋茲（Bill Gates），他們的財富都不是來自多高明的冒險手段，而在於利用立法來擊敗市場競爭力量。穀物法就是這樣的例子。

穀物法對於愛爾蘭的衝擊最大。一八四〇年代，愛爾蘭大饑荒肆虐，枯萎病席捲全境的馬鈴薯作物，而愛爾蘭人民的主食幾乎完全仰賴馬鈴薯。愛爾蘭迫切需要自國外進口糧食，況且海外，尤其是美國，有大量且便宜的穀物等著出口，但是穀物法的關稅使得這些作物的成本過高。在這場大饑荒中有超過一百萬人喪生，還有一百萬人左右逃到美國。當你思及愛爾蘭人對美國的影響時——比如美國歷任總統裡，有超過二十位以上皆表示自己擁有愛爾蘭血統——你就能了解穀物法無意間所造成的這波移民潮有多龐大。由此你也可以看出即使只是一條微不足道的稅法，都可能對人類歷史帶來重大影響。

早在一八二〇年就有人開始請願廢除穀物法，但是國會中有許多成員都是地主，使得任何修改稅法的企圖都遭遇強大阻力。甚至連英國的稅務專員都是來自地主仕紳（他們最終在一八四九年組成國內稅務局）。有人責怪保守黨沒有廢除穀物法，但是一八三〇到四一年間是由輝格黨執政，該法依然存在。一八三八年，鼓吹自由貿易的先鋒理查・科布登（Richard Cobden）成立「反穀物法聯盟」，四一年他當選國會議員，終於引起皮爾的注意。自一八三七到四五年間，皮爾每年皆投票反對廢除穀物法，但是在英格蘭糧食供應不足與愛爾蘭大饑荒下，他改變風向。英國農民無法生產足夠的穀物來滿足快速成長的人口需求，更遑論應付馬鈴薯枯萎病所造成的糧食危機。

皮爾的稅改計畫遭到他所屬的保守黨反對。該黨有些人認為愛爾蘭誇大了這個問題。「對業務漠不關心，也無意參與。」這是受國會委託的一份研究報告中所做出的診斷。但是皮爾獲得輝格黨的支持，終於在一八四六年廢除穀物法。與自己所屬政黨對立，也代表他的首相任期結束。他於穀物法廢除當天辭職。自此之後，他再也沒有擔任任何公職。

不過正如科布登所料，皮爾的稅改迎來英國在十九世紀下半的自由貿易時代，就彼時的創新、發明與繁盛來看，或許堪稱英國史上最輝煌的時期。

英國的農業最初並未因穀物法的廢除而受到打擊。但是在幾十年之後，隨著鐵路與蒸汽船的發展，來自俄國與美國農莊的運輸成本大減，同時美國機械的發展（俄國主要是依靠低廉的人力而非機械），也使得產量大增。英國的農業無法與大量的進口穀物競爭。到了一八八〇年，農業不再是英國最大的僱主。貿易與工業超越農業成為經濟最大主力。一九一四年，英國的穀物有五分之四是來自進口。收租讓地主成為最富有的階層，當經濟主導地位喪失，政治主導地位也隨之而去。皮爾的稅制改革促進了英國權力結構的改變。

第十章

美國內戰的真正原因

南方各州的人民不僅為了北方各州的利益而納稅，
徵收的稅款中有四分之三都是花在北方。這樣的情況……
使得南方城市有如外地鄉鎮。
它們的成長停滯；宛如北方城市的郊區。

南卡羅萊納人民議會對美國蓄奴各州人民的演說

在美國歷史中，沒有哪個事件與美國內戰一樣，成為眾多研究與大書特書的課題。一般的看法，同時也是學校所教的論點，即這場內戰的爆發是因為長期以來在奴隸制度上的矛盾。

然而奴隸並非林肯發動戰爭的原因。

現在讓我告訴你美國內戰的真正成因。

在十九世紀上半，總括而言美國分成三大經濟區域：北方、南方與西部。北方當時正由貿易與航運轉向工業生產。南方的財富則是來自農業，主要生產菸草、蔗糖與全球三分之二的棉花。至於西部，美國藉由一八〇三年惡名昭彰的路易士安納購地案（Louisiana Purchase），將其領土擴張一倍。此一購地案是美國以一千五百萬美元向法國買下八十萬平方英里的土地，相當於一英畝三美分，可說是全球有史以來最糟糕的土地買賣，至少從法國的觀點是如此。西部不斷擴張，最終抵達太平洋。西部需要更加完善的運輸系統——運河與鐵路——才能將其原料運至市場。

儘管蓄奴自一八〇四年以來在北方就被歸為非法活動（原則如此，但實際上可能並非如此），但是南方由農業主導的經濟卻十分依賴奴隸制度。在不斷擴張的西部，蓄奴的法律地位並不明確。蓄奴所造成的矛盾不斷加深，最終成為當時即使不是最大的，也是最大之一的社會議題。

一八〇二年，湯瑪斯．傑弗遜（Thomas Jefferson）曾表示，「美國人可以愉悅而驕傲地自問，有哪一位農民、技工或是勞工曾經見過美國的稅吏嗎？」他說的沒錯，美國沒有所得稅，沒有窗戶稅，沒有像歐洲那樣的苛捐雜稅。美國的政府規模不大，而且都屬地方性。每州都有自己的主權，可以依照人民的意願課稅，但是沒有全國性的稅制。除了在一八一二到一六年間，美國正處於戰爭的情況外，聯邦政府沒有課徵過國內稅收。政府的收入有部分是來自不定期的國有土地出售，不過最主要的來源是對進口產品的課徵關稅。此套系統並不公平，而且下場難看。

我們的故事始於一項少有人知的關稅，一八一六年的達拉斯關稅（Dallas Tariff）。美國一般民眾在日常生活中很少接觸到稅賦。英國與美國在一八一二年開始的戰爭一直延續至一八一五年。當時英國已封鎖美國與法國間的貿易，而在一八〇七到一五年間，美國的進口銳減逾九〇％。英國商人在戰爭期間囤積了大批貨物，待雙方關係改善後，這些貨品便蜂擁進入美國市場。英國的商品比美國便宜，而且品質也較優，因此很快就對美國工業造成打擊。面對這樣的情況，加上尚有大筆的戰爭債務需要償還，美國於是提出了一項稅率較高的新關稅。

此一關稅對南方造成的打擊最大。南方自歐洲進口貨品，包括農業設備，並直接將棉花出口至歐洲。進口關稅意謂南方人民必須以較高的價格買進貨品。同時，他們的錢也不會留在南方，而是消費在北方。基本上，他們就是在補貼美國的其他地區。

可是，南方不僅同意這些關稅，反而還大力支持。為什麼？

這是因為南方人民把國家利益放在第一位。他們認為，未來可能還會發生戰爭，而美國若要繼續生存，就需要擁有自己的製造工業。南方的經濟繁榮，足以承擔關稅帶來的壓力。同時，棉花價格居高不下，這項關稅也僅是暫時性的。

一八一六年四月二十七日，美國通過《達拉斯關稅法》——為期三年——英國貨品價格因而上漲至約略與美國的價格相當。

南北對峙：三十年的關稅戰爭

有多少稅法剛推出時都宣稱是暫時性的，然而最終卻變成永久性的？又有多少補貼最終造就了一批特殊利益團體？

當達拉斯關稅法在一八二〇年有效期限屆滿時，身為既得利益者的北方製造業者不但希望延長時效，而且還打算擴大規模。他們提出一項將該稅法改為永久性的法案，並提高稅率與增添了一長串課徵的項目。該法案在眾議院獲得通過，但是以一票之差在參院闖關失敗。

這次南方並沒有給予支持。他們當初支持《達拉斯關稅法》的理由已經消失。棉花價格自一八一九年開始下跌，他們不再富有。戰爭陰影逐漸消散。一八一二年的戰爭債務也已償清。貿易戰也不見蹤影。為北方的製造業提供保護，已不再是國家緊急事件。

然而北方與西部的保護主義情緒依然高漲，一八二四年又提出一項新的關稅法案，並且獲得國會通過。進口貨品的關稅因此提高到三三%，然而在一八一六年之前，該稅率不過是五%。

情勢日趨惡劣。一八二八年又通過一項關稅法，人稱「可憎的關稅」。在該稅法下，九二%的進口產品都被課以三八%的關稅。北方與西部各州再次聯手讓國會通過該法案。南方因此實質上要繳納七五%的聯邦稅。南方的選擇只有兩項：以高價購買進口產品，或是以高價購買劣等的北方產品。不論是哪一項，他們的錢都是花在北方身上。美國經濟重心正逐漸北移，而且人口也隨之北遷。這也難怪南方覺得被立法擺了一道。他們的情況因棉花價格自一八一九年以來重挫五〇%而更形惡化——南方人士把棉花價格下跌歸咎於關稅。

南卡羅萊納開始出現退出聯邦的聲音。他們獲得肯塔基、北卡羅萊納與維吉尼亞的強力支持。一八三二年，來自阿拉巴馬、喬治亞與馬里蘭的代表也加入他們。南卡羅萊納召開了一項會議，宣告進口關稅違憲，因此不能實施。

抗稅危機（Nullification Crisis）由此展開，在此期間，總統傑克遜威脅要動用武力來課徵進口關稅。美國瀕臨內戰。如果傑克遜召集軍隊，南方其他各州可能就會加入南卡羅萊納的抗稅行列。不過出身於南卡羅萊納的前副總統約翰．卡爾霍恩（John C. Calhoun）與進口關稅的主要支持者，參議員亨利．克萊（Henry Clay）達成一項妥協方案。根據該方案，進口稅未來每兩年下降一〇%，直到在一八四二年前達成下降至二〇%。抗稅危機因此化解，而在之後近十年間，進口關稅也不再是爭議的焦點。

然而在一八四二年迫近時，北方的工業利益團體又開始鼓譟，要求保護。在克萊的帶領下，他們老調重彈，表示他們無力應付英國的競爭。一八四二年，黑色關稅法（Black Tariff）在眾院與參院以僅一票領先的微弱優勢獲得通過。南方好不容易等了九年才熬到進口關稅即將降至二〇%的水準。然而現在非但沒有降，還反而調升，也難怪他們激烈抗議。

「除了革命，別無他途。」南卡羅萊納的羅伯特・瑞特（Robert Rhett）如此揚言。阿拉巴馬「寧願浴血而亡，」也不做北方的奴隸。阿拉巴馬的威廉・佩恩（William Payne）以此為誓。維吉尼亞的路易士・史汀諾德（Lewis Steenrod）則是發出警告，保護主義只會使得美國陷入內戰，「促使聯邦岌岌可危。」無視於各方言論，進口關稅的稅率一口氣調升至近四〇%的水準，此外還針對一些特定項目訂定稅率。稅率最重的是鐵，例如鐵釘的稅率就高達一〇〇%以上。國際貿易幾乎是立即下跌，進口幾乎減半。紐約的莫西・李納德（Moses Leonard）表示：「這是美國國會施加於聰慧的自由人最粗暴與最不公正的行為之一。」

不過危機再次化解。詹姆斯・波爾克（James K. Polk）在一八四四年的總統大選擊敗克萊，他宣布降低黑色關稅是他上任後的四大要務之一，並指派他的財政部長羅伯特・華克（Robert Walker）負責此一工作。

華克提議把進口關稅的稅率降至二五%，並且予以統一（他反對不同產品有不同關稅）。他認為低稅率可以刺激貿易活絡，進而帶動政府稅收增加。北方與西部當時都在為他們的產品尋找世界市場，因此與南方結盟，於一八四六年通過此案。華克的觀點被證明是正確的。儘管關稅降低，不過到了一八五〇年，海關的稅收增加了五〇%，由一年三千萬美元增至四千五百萬美元。

南北對立當然不單在於關稅的議題。奴隸制度也是一個問題。實際上，南卡羅萊納於一八五〇年第二次威脅退出聯邦，為的就是美墨戰爭後，在獲得的新州合法蓄奴的法律地位。如果蓄奴在新領土是屬於非法的活動，南方人士擔心他們在首府的盟友將會減少，進而削弱他們的政治實力。更重要的是，隨著自由州增加，要求解放奴隸的呼聲也會日益高漲，進而提高他們自家後院發生暴動或起義的風險。脫離聯邦可以確保南卡羅萊納繼續保有奴隸制度，與棉花產業的繁榮。一八五一年十月的大選實際上變成了此一議題的公投。在該次大選上，分裂主義陣營大敗，合作主義陣營贏得五八．五%的選票。事實上，單單只是奴隸制度的爭議，並不足以促使南卡羅萊納脫離聯邦，更別說南方其他各州，何況當時的生意正興盛。

美國經濟在一八五〇年代蓬勃發展。南方少有怨言。一八五七年進口關稅的稅率進一步下降——回到約一五%，正是最初一八一六年實施「暫時性」關稅時的水準。

緊接著就是一八五七年的大恐慌了。

恐慌導致保護主義

克里米亞戰爭使得歐洲農業發展陷入停滯，來自美國的進口填補了這個缺口。但是隨著戰爭結束，歐洲農業恢復生機，而且收成相當不錯。美國輸歐農產品因而大減，光是英國向美國購買的小麥就銳減九〇%。農產品價格因此全面下跌，跌幅深達三五%。大量投資於農業的俄亥俄壽險與信託公司（Ohio Life Insurance and Trust Company）因此破產，引發金融恐慌。由於需要運輸的貨品減少，鐵路業也遭到重創。數以千計的勞工丟失飯碗，投資人也血本無歸。有「黃金船」之稱的貨輪SS中美洲號載運來自加州淘金潮的三萬磅黃金在前往紐約途中，遭遇超級颶風而沉沒。如此大量的黃金沉入海底，重創公眾對經濟，尤其是銀行的信心。

這就是一八五七的經濟大恐慌。

南方遭到打擊，但是受創情況不如北方與西部嚴重。儘管棉花價格下跌，但很快就恢復了。銀行破產倒閉的情況也不嚴重。如果說經濟大恐慌帶來什麼影響，那就是使得南方重拾自信，加強了他們相信棉花是全球貿易主力的信念。相較於北方與西部的經濟受到大恐慌的重創，南方卻是全身而退。

但是經濟大恐慌又是如何造成愚蠢的立法？

當時最有名也最具影響力的經濟學家可能是賓夕凡尼亞州的亨利·卡瑞（Henry Carey）。他認為保護主義是促進美國工業成長的途徑。他將這場金融危機怪罪於一八五七年的關稅太低。他的觀點廣為傳播，大受歡迎。影響所及之處，要求恢復高關稅的聲浪再起。新成立的共和黨熱烈支持卡瑞的主張，創黨元勳之一賈斯汀·史密斯·摩爾（Justin Smith Morrill）聽從卡瑞的建議提出新關稅。他宣稱此一提案的目的是讓關稅重回一八四六年的水準，但實際上，遠不僅止於此。

之後的兩年間，摩爾關稅（Morrill Tariff）一直是國會辯論的重點之一。最終該法案在一八六〇年五月獲得眾議院通過，不過僅贏得南方各州一票的支持。

共和黨領袖亞伯拉罕·林肯（Abraham Lincoln）向來支持高關稅。「我支持內部的改善制度與具保護作用的高關稅。這是我的主張與政治原則。」林肯在他一八三二年的首次政治宣言中做出上述表態。日後他也持續堅持這些主張。「我在此一議題上的觀點沒有改變，」他在一八六〇年重申表示，「關稅之於政府，就像三餐之於家庭一樣重要。」

林肯當上總統

在共和黨總統候選人提名大戰中，威廉・西華德（William H. Seward）是林肯的主要對手，且在選戰初期較具優勢。西華德強力反對奴隸制度，他以一八五〇年的名言「有一條律法凌駕憲法之上。」而著稱。但是當時有許多人並不這麼認為。林肯是一位精明的政治家，他刻意避開此一議題，以免失去潛在的支持者。他私底下可能憎惡奴隸制度，但是在公開場合，他的策略是「緊咬嘴唇，保持沉默。」正是他對貿易保護主義關稅的高調支持，尤其是在賓夕凡尼亞州，助他贏得了提名。

總統大選時，林肯的對手是其政壇宿敵民主黨的史蒂芬・道格拉斯（Stephen A. Douglas）。當時民主黨嚴重分裂，北方選民支持道格拉斯，南方則是支持約翰・布肯里奇（John Breckenridge）。要打贏選戰，林肯只要確定能夠擊敗北方的道格拉斯就行了，當時道格拉斯與其所屬的民主黨都是站在不受歡迎的反關稅立場。林肯的策略是絕口不提奴隸制度，大聲疾呼保護主義。他的策略奏效了。「在共和黨的政綱中，」歷史學家大衛．波特（David M. Potter）表示，「沒有其他比關稅更能贏得歡呼。」賓州簡直陷入「狂喜的狀態……整個代表團全都站起來高舉與揮舞帽子與手杖。」

一八六〇年十一月六日，林肯當選美國總統。他只贏得四〇%的選票，而且完全是來自北方與西部。在最終脫離聯邦的南方各州中，他一票都沒有拿到。《摩爾關稅》是共和黨十七條政綱中的第十二條。共和黨控制著國會，代表保護主義的高關稅將重返檯面。在南卡羅萊納的領頭下，南方各州一個接一個離開聯邦。

南方人民根本就是「納稅給北方，就像當年英國在國會向我們的祖先課稅一樣。」南卡羅萊納在一份演說中指出。南卡羅萊納覺得他們現在的作為就如他們的祖輩向英國統治者高聲抗議「無代表，不納稅」。他們是完全「站在同樣的立場」。

一八六一年二月一日，密西西比、佛羅里達、阿拉巴馬、喬治亞、路易士安納與德州跟隨南卡羅萊納離開聯邦。這七州合組了新政府：美利堅聯盟國（Confederate States of America，簡稱邦聯）。

於此同時，經濟學家亨利・卡瑞敦促總統實施新關稅。「您在行政治理上的成功，完全取決於本屆國會議案《摩爾法案》的通過……這是本黨讓該法案成為永久性法律的唯一方法。」他表示。少了分離出去的各州的反對，該法案輕易獲得通過。兩天後，也就是三月四日，林肯發表就職演說。

「我不會無故直接或間接干涉已實施奴隸制各州的內部制度，」他說。「我認為我沒有合法權力這麼做，我也無意這麼做。」國會也提出憲法修正案防止聯邦政府干涉奴隸制度。另外，三年前，亦即一八五七年，最高法院駁回前奴隸德雷得・史考特（Dred Scott）為他與家人爭取自由的訴狀。由此可知，總統、國會與最高法院——美國聯邦政府的三大機構——皆有效地向南方提供了繼續保有奴隸制的保證。然而邦聯各州仍是不願重回聯邦。關稅與自治權才是他們的心思所繫，可是林肯不願妥協。關稅所帶來的稅收與保護作用實在太有價值了。

「我將使用賦予我的權力保有、占據、擁有屬於政府的財產與地產，並徵收稅賦與關稅，」他說道。「除了這些必要性的標的之外，對於任何地方的任何人，都不會進行侵略與使用武力。」很顯然地，林肯會動用武力來徵稅。這對南方人來說是一個絕對性的選擇：繳稅，否則後果自負。

在共和黨推動《摩爾關稅法案》的同時，分裂的各州則在草擬它們自己的憲法。它們的憲法與美國憲法十分相似，最大的差異是在於各州的自主權與對聯盟課稅的限制。國會只能「課稅來償還債務、支付國防所需與維持政府的運作。」不能再作為「美國的全體福利。」

該憲法特別指出：「也不得用對外國進口產品進行徵收的關稅或稅項，推動、扶植任何產業的分支。」為了去除所有疑慮，憲法繼續指出：「除了上述兩者之外，憲法中也不得有任何條款可解釋為賦予國會挪用資金的權力，以達成為促進貿易而進行內部改善的目的。」

憲法中也提到奴隸制度的議題。美國原有的憲法並沒有使用「奴隸」這個字眼，而是以「服勞役與勞動之人」來取代（包括簽定勞動合約的白人）。邦聯的憲法則是直接使用奴隸一詞。該憲法禁止與非洲進行奴隸交易。它也禁止各州在自己的州境內取消奴隸制（有意思，邦聯在這一方面卻是限制各州的自主權），並且保障奴隸擁有者與奴隸一同旅行的權利。

南方並不想開戰，他們打不過北方，只希望和平解決。邦聯的總統傑弗遜·戴維斯（Jefferson Davis）在其就職演說中表示，身為「一名農業從事者，主要收益在於將商品出口到任何有需要的製造業國家。」他說：「我們真正的政策是和平，以及在我們所能容許的最大範圍內的自由貿易……在商品的交換內容上，限制應盡可能最低。」

戴維斯當上邦聯總統的首要工作之一是寫了一封信給林肯，表達其維持和平關係的希望。他並派遣一支和平代表團到華盛頓。然而林肯根本沒有接見他們。

林肯為開戰施詭計

薩姆特要塞（Fort Sumter）控制著南卡羅萊納的咽喉——查爾斯頓港（Charleston Harbor），是美國沿海的眾多要塞之一，也是徵收關稅的據點。該要塞由聯邦軍隊駐守，邦聯花了好幾週的時間嘗試說服他們和平離開，甚至表示願意提供補償，不僅是針對薩姆特要塞，也針對聯邦在南方的所有財產。林肯的國務卿威廉·西華德同意撤出該要塞，但是要塞的指揮官安德森少校拒絕離開。

當時是一八六一年四月，內戰尚未開打。聯邦上校約翰·鮑德溫（John Baldwin）

被召到林肯面前向他簡報，關於維吉尼亞州即將表決是否退出聯邦的會議之最新情況。「我們掌握近三比一的絕對優勢，」鮑德溫表示。他「確信」會贏得表決。

「撤出在薩姆特要塞的軍隊。」鮑德溫請求林肯，並且表示他應該這麼做，「為了和平……如果您這麼做，不僅是退出聯邦的各州，甚至連全國都會支持您，您因此擁有的朋友將比任何人都多……您因這項政策每失去一位朋友，就會有十位朋友來支持您、國家和平以及聯邦。」

但是薩姆特要塞是徵收關稅的重鎮。「關稅怎麼辦？」林肯問道。「我要怎麼徵收關稅？」

「先生，您覺得一年可以徵得多少稅收？」鮑德溫上校問道。

「五千萬到六千萬左右。」林肯回答。

「啊，先生，」鮑德溫說道。「就算您在任期內可以徵收到二億五千萬美元的稅收，相較於可能即將爆發的戰爭會造成的損失，也僅是九牛一毛。如果必要，就放棄它吧；但是我不認為有此必要，因為我相信您能圓滿解決……如果有人在薩姆特要塞開槍——我不在乎是哪一邊開的槍——就大勢已去……完全肯定大勢已去。聯邦現今在維吉尼亞州議會擁有的優勢，四十八小時之內就會消失殆盡。」

「哦，」林肯說道。「這是不可能的。」

「您必須做抉擇，而且要快。我相信您能夠和當年的華盛頓一樣，成為國家的救星，或者走上相反的道路，在歷史上遺臭萬年。」

林肯選擇了戰爭。

鮑德溫所言不差。一星期後，當美國內戰的第一批砲彈落在薩姆特要塞時，維吉尼亞、阿肯色、北卡羅萊納與田納西等州都沒有脫離聯邦。上述各州的表決結果，不論是州議會還是全民公投，都否決脫離聯邦。他們都希望能留在聯邦，也希望聯邦能繼續維持下去。但是當知道林肯打算使用武力來對付邦聯後，他們再次表決，這一回就如鮑德溫所說，全面支持退出。

林肯清楚對薩姆特要塞發動攻擊會引發戰爭。他也知道「與（想要脫離聯邦的）各州開戰，完全違反憲法的精神。」為了合理化他此一違憲的行動，他施以詭計欺騙南方誤信遭到攻擊。他派遣了三艘沒有武裝，滿載補給的貨船前往薩姆特要塞。「您其實很清楚，」鮑德溫表示。「查爾斯頓港的人已經充分補給過了。」

「這次的補給只是誘餌，」當時的《紐約時報》報導。「其目的是讓叛軍完全擔負開戰的責任。」林肯甚至告訴他的內閣，如果南卡羅萊納的大砲先向薩姆特要塞或是補給船開砲，「他就可以指責邦聯先開火。」

隨著補給船靠近薩姆特要塞，邦聯再次要求安德森少校交出要塞，也再度遭到拒絕。四月十二日，邦聯開砲，正中林肯下懷。他有足夠的理由認定這是反叛的行為。現在「國家的權威受到壓迫」，儘管要塞沒有人受傷，安德森少校也在第二天交出要塞。邦聯總統傑弗遜．戴維斯就這樣「盲目落入圈套。」

南方沒有征服北方的野心，也無意這麼做。美國內戰的戰役，幾乎全部都是發生在南方，主要是在維吉尼亞與田納西，最遠的北邊位置也不過是賓州南部。南方其實是居於守勢，根本不可能擊敗北方。相較於北方有二千二百萬人口，南方只有九百萬人。北方的軍隊人數幾乎是以二比一的比例駕馭南方。北方有工廠、工業、製造業。戴維斯曾一再表示南方只想和平脫離聯邦，邦聯無意與聯邦發生衝突。砲轟薩姆特要塞是一項嚴重的錯誤，林肯即使有一絲想和解的意願，也已經消失殆盡。現在南方唯有懷抱希望繼續堅持，等待北方對人員傷亡與戰爭感到厭倦，進而允許邦聯的存在。

「這個計策十分成功，」林肯表示。「他們襲擊了薩姆特要塞，要塞陷落，因為如此，它的貢獻非凡。」

北方不允許和平分裂的原因，以及南方遭到污名化

林肯當選總統之時，聯邦的財政已是十分糟糕。隨著南方各州脫離聯邦，海關稅收快速減少。這也難怪林肯一談到薩姆特要塞，就會問：「關稅怎麼辦？」聯邦政府最大的稅收來源正在消失之中。

林肯經常對外表示開戰的原因是為維護聯邦的存在。而聯邦是依賴南方的關稅收入才得以生存。「他們明明知道大部分的關稅是南方人民繳納的，」《紐奧良日報》（*New Orleans Daily Crescent*）指出。「然而聯邦政府卻以極為惡質的手段將這些稅收主要都用在北方人民的身上。他們知道只要與我們同在聯邦，他們就可以大肆掠奪南方……當他們發現長期以來供養他們奢華盛宴的生活無法繼續時，他們就勃然大怒。」總之，北方需要南方，南方卻不需要北方。

為了支付這場內戰的費用，林肯只好開徵新稅。美國人民因此有了財產稅。所得

稅也登台亮相。不管是否違憲，美國在一八六一年開徵所得稅：對收入在八百美元以上的人課徵三％的所得稅。不過當時只有三％的人口所得在八百美元以上，因此所得稅廣獲支持。但是政府在第二年就將門檻降到六百美元，並且提高稅率。

為了確保能夠課稅，林肯也為美國設置了國稅局（Internal Revenue Service，IRS）。他還在一八六二年的稅賦法案中推出一條迄今仍然有效的稅法：美國公民在美國以外地區居住或工作者，必須在美國納稅，除非是為政府工作者。

然而這場內戰的損失並不僅在於關稅，分裂的各州打算與歐洲進行自由貿易，更是一個嚴重到無以復加的威脅，因為北方的商業——製造業、航運業，以及可能是影響最大的銀行業——都會因此被摒棄於貿易圈之外。《波士頓先驅報》（*Boston Herald*）便指出，此舉會「重創北方」。聯邦絕不允許這樣的事情發生。北方整個經濟模式都將因此遭到破壞。和平分裂從來不是林肯的選項。

自由黨議員威廉．福斯特（William Forster）在眾議院曾宣稱，奴隸制度是內戰的肇因，隨即引來全場一片吶喊：「不是，不是，關稅才是。」林肯開戰並不是為了結束奴隸制度。「我在這場鬥爭中的最終目標是要拯救聯邦。」即使到了一八六二年八月，他都還這麼表示。「這並非維護或是消滅奴隸制度的問題。如果我無須解放任何奴隸就能拯救聯邦，我就會這麼做。如果我要解放所有的奴隸才能拯救聯邦，我就會這麼做。如果我需要解放部分奴隸，而不顧其他的奴隸，才能拯救聯邦，我也會那麼做。」旨在解放南方奴隸的《解放奴隸宣言》（*The Emancipation Proclamation*）直到一八六三年一月才出現，而且只是因為林肯覺得「我們已打出最後一張牌，我們必須改變策略，不然就會輸了。」

一八六二年，邦聯的外交官赴英向英國當局表示邦聯願意撤銷奴隸制度以換取外交承認。如果可以，南方肯定希望繼續保留奴隸制度，至少暫時如此。奴隸對南方的經濟而言十分重要，但是他們寧願撤銷此一制度以拯救邦聯。一八六四年，邦聯外交官再度向歐洲提出請求。對南方而言，獨立才是最重要的，但是北方不願意；北方不願失去稅收。自家門前出現一位從事自由貿易的競爭對手是絕對不能容許的事。

奴隸制度只是南北雙方爭執不下的多項議題之一——舉例來說，其他議題尚有關稅、聯邦支出、邊境安全、平等進入領地與公有土地銷售等。但是毫無公平可言的課稅才是造成分裂的主因。南方希望保有他們所賺得的錢財，林肯與北方卻要他們把財富獻給聯邦。在眾人所了解的歷史中，邦聯分裂的原因已被污名化，然而聯邦卻被美化成是為了崇高的理想才開戰。事實上，雙方開戰就是為了爭奪經濟利益。一八六一年，查爾斯·狄更斯在其創辦的雜誌《一年到頭》（*All Year Around*）中，發表一篇文章指出，「北方與南方間的爭執，完全是財政上的分歧……南方對摩爾關稅的不滿……切斷了維繫南北統一的最後一縷線。」

美國內戰與其他內戰或是一些大規模的叛亂並無二致。在其核心深處，總有一則關於稅賦的故事，但是往往遭到忽略。

第十一章 大政府的誕生

徵稅有如盜賊，戰爭就是由盜賊資助的殺人兇手。徵兵在道德上等同於綁架。

羅傑．弗爾（Roger Ver），創業家（二〇一八）

在二十世紀初，英國是全世界最富有的國家。然而，每二十個人當中就有十九個人沒有恆產。勞工契約使得勞工在工作上沒有保障，人人都面臨隨時遭到解僱與失業的風險。工作條件通常都很差。卡爾．馬克思（Karl Marx）與其他類似的思想逐漸受到歡迎，社會主義浪潮席捲歐洲。與此同時，要求政府應該有所作為，重新分配財富的主張也逐漸興起。

在英國，財政大臣大衛・勞合・喬治（David Lloyd George）與他年輕的盟友溫斯頓・邱吉爾（Winston Churchill）是推動此一新主張的政壇先鋒。他們希望複製友善社團的成功經驗——在十九世紀，全國各個社區有許多自願性的社團，要加入這些組織，人們每年需要繳交小額會費，這些社團則會在會員與其家人需要時提供退休金、福利、保健與其他服務。勞合・喬治與邱吉爾打算將這樣的組織推廣到全國，而不僅是地方層級。

勞合・喬治的改革始於一九〇九年的人民預算，在當時，這堪稱是英國有史以來最強調財富重分配的預算。他將此定調為對抗貧窮的戰爭。「這是一個戰爭預算，」他說。「這是籌資建立一個永續的福利制度用以對抗貧苦窮困……所有人都應承擔責任。」在該預算案中，政府要課徵土地稅、遺產稅與遞增的所得稅。成員滿是地主的上議院否決了這項預算案，不過他們也表明態度，如果政府獲得強制執行的許可，他們就會通過該法案。一九一〇年一月國會大選，結果出現一個勢均力敵，沒有多數黨的議會。該預算案最終在四月獲得通過，不過正如所料，該法案並沒有土地增值稅。

勞合・喬治不希望上議院杯葛他的支出計畫，於是在一九一一年推出國會法，停止議會否決財政法案的權利。上議院之所以會通過該法案，是因為首相赫伯特·阿斯奎斯（Herbert Asquith）表示，這是國王的旨意，要讓上議院有多一些新血來爭取通過該法案，而上議院成員則擔心會因此增加一批自由派人士。上議院的權力被打破了，現在無論是針對戰爭還是社會改革，調高稅賦的通路已經開放。

正如稅賦史學家詹姆斯·高菲爾德（James Coffield）所言，社會的瑕疵現在「已經由政府的干預而得到修正。所得透過課稅重新分配；勞工受到保障，免於受到惡劣僱主與差勁決策的傷害；公職人員大量增加以確保自由並提供保健。」盛行於十九世紀下半，崇尚自由放任的自由主義思想開始凋零。

接著是一九一一年的《國家保險法》，對勞工提供強制性的國家健康保險，其資金是來自僱主、政府與勞工本身三方面的貢獻。此一制度的推出卻也在無意間造成一個意想不到的結果，使得政府原本企圖複製的友善社團失去作用。大部分的民眾都不願——也無力負擔——重複購買保險。這兩個保險，一個是強制性的，一個則是自願性質，哪一個才會存活，不言可喻。英國至今仍保有國家保險制度，儘管在某種程度上會計為此大感頭痛（並且有充分的理由），相對於過去是將資金存放在一邊，現在的政府卻是花掉所籌得的資金。

第一次世界大戰——稅收的大幅增長

勞合·喬治的人民預算並沒有考慮到所得稅會有飛漲飆高的一天。在他的預算案裡，年所得在二千英鎊以下的稅率是三·七五%，年所得在二千至五千英鎊級距的是五%，另外在年所得超過五千英鎊（大約今天的五十萬鎊）的則加增二·五%的超級稅。稅率在之後逐步攀升，但是在承平時代難以大幅調升利率，也無法讓人人滿意。勞合·喬治必須使用其他的方法來為其福利計畫籌資。就像他之前的皮特一樣，他寧願借貸也不想因增稅而須直接面對民眾。「他沒有考慮到最後的帳單。」金融家摩根表示。

然後，到了一九一四年的秋季，英國被捲入第一次世界大戰。如果說西方政府在本質上曾出現轉捩點，那麼第一次世界大戰就是這個關鍵時間點。此刻已具備了足夠的正當理由來調高稅率。所得稅的一般稅率由一九一四年的六%調高至一九一八年的三〇%。較高級距的稅率更是升高到五〇%以上。必須繳納所得稅的人口數目由一百一十萬人增至近三百萬人。此外，發戰爭財的企業都必須繳納超額利潤稅。總稅收因此由一九一三到一四年的一億六千三百萬鎊躍升至一九一八到一九年的七億八千四百萬鎊，較一九〇五年的水準高出十七倍。但是儘管如此，也僅只供應了一九%到二五%的戰爭支出。至於其他的戰爭經費則是由債務與通膨——非正式稅賦——來支應。

英國的債務在戰爭結束時，已由一九一四年的六億五千萬英鎊增至七十四億英鎊，直到一個世紀之後，於二〇一五年才全部償清。和皮特在拿破崙戰爭中所遺留下的債務一樣，使得接下來好幾世代的英國人民都肩負壓力。

至於通貨膨脹，在戰爭爆發後不久，英國就捨棄金本位制讓貨幣貶值。到了一九二一年，生活成本比一九一四年的水準至少高出二倍半。

隨著納稅的人口增多，民主原則與投票權利也有所擴張，最終在一九一八年與二八年分別通過兩項《人民代表法》達到當時的巔峰。因此，成年公民普遍選舉的出現，可說是稅賦引導所致。

和一個世紀前的拿破崙戰爭一樣，所得稅也在一次世界大戰的敵對雙方之間形成截然不同的情況。德國為了戰爭，早在幾十年前就開始做準備，儲備了六百萬磅黃金來打這場戰爭。但是德國以為戰爭會提前結束，而它可以靠著掠奪戰敗國的財產來填補其戰爭成本。在黃金耗盡之後，德國開始舉債來支應戰爭繼續進行。德國認為徵收所得稅對人民的負擔太重，而且可能引發社會動亂，因此並沒有在全國課徵所得稅。戰爭後期，德國對戰爭利潤、煤炭與企業營業所得課稅，但是稅收也僅占了德國在這場戰爭中所花費的總經費一千七百億馬克中的八%而已。其他的經費則是來自向德國的銀行與私人借貸。當時德國根本無法向海外貸款。德國的債務巨幅攀升，由一九一四年的五十億馬克飆高至一九一八年的一千五百六十億馬克。

德國鼓勵人民交出他們的黃金來交換紙幣。但是這些紙幣不能贖回黃金，最終成為法定貨幣（法幣，由政府控管與發行）。儘管德國政府實施物價管制，但是通膨在戰爭期間持續攀高。一九二〇年代初期，德國爆發了有史以來最慘烈的金融災難之一，通膨飆高。這場災難摧毀了德國戰爭債券與其貨幣本身的價值。

美國的所得稅

所得稅首次在美國出現是一八一四年的事情，當時的財政部長安德魯・達拉斯（Andrew Dallas）正為一八一二年與英國開戰的經費尋求資金。不過隨著戰爭在一八一五年結束，所得稅的提案也被擱置。此一主張一直到下一場戰爭爆發時，才再度浮上檯面，由林肯在一八六一年提出。內戰結束後，此稅也在一八七二年被束之高閣，但是到了十九世紀末又再度被人提起，這一回的目的是取代關稅。但是在著名的官司「波拉克對農民貸款暨信託公司」（Pollock v The Farmers' Loan & Trust Co.）一案中，最高法院判決所得稅違憲，因此要開徵所得稅根本是不可能的事。

自此之後，所得稅是否符合憲法就一直困擾著美國。美國憲法是在現代形式的所得稅普及之前起草的，缺乏明確性。由此所產生的灰色地帶也意謂相關的爭議始終存在，即使在今天仍是如此。其實我們應該想得到美國的建國元勳都是出生在啟蒙時代，他們秉持崇尚自由、限制政府、與有代表才納稅的精神，以此來看，他們不可能同意所得稅。但是他們也不應同意關稅制度所造成的不符公義的結果。

美國憲法明文指出，課稅應依照比例原則：一州的人口若為總人口的十分之一，就應負擔十分之一的責任。但是這樣的規定對所得稅而言根本不切實際：如果一州的人口雖然不多，但是大多為高所得者，而另一州儘管人口眾多，絕大多數卻是低所得者，兩者之間應該如何調和？

憲法同時也規定「國會有權規定與徵收直接稅、進口稅、稅捐與其他稅，以償付國債，提供合眾國的共同國防與公共福利，但一切進口稅、稅捐及其他稅則應全國統一……」全國統一性與所得稅無法並置，因為所得互不相同。然而，它並沒有明確規定稅收必須統一——只有關稅、進口稅和消費稅。

不過這些爭議最終在一九一三年塵埃落定。國會根據憲法第十六條修正案修正了最高法院的裁決，規定「國會有權對任何來源的收入規定與徵收所得稅，無須在各州按比例分配，也無須考慮任何人口普查或人口統計。」這項修正案開啟了美國成為高稅賦國家，進而組成大政府的道路。

所得稅導致美國禁酒令

第十六條修正案帶來一個意想不到的結果，即「禁酒令」，而若非有俄亥俄州一位意志異常堅決的律師韋恩．惠勒（Wayne B. Wheeler）的領導，也不可能會有禁酒令。惠勒在少年時期於自家農莊曾被一位醉酒的傭工手執乾草叉意外刺傷大腿。此一事件使他痛恨飲酒，並且終其一生反對酒精飲料。

一八九三年，惠勒還是一名學生，在聽了一次有關戒酒的講道之後，決定加入新成立的「反沙龍聯盟」（Anti-Saloon League，A S L）。他後來將此一組織打造成可能是美國有史以來最有效的政治壓力團體。確實如此，「壓力團體」（pressure group）一詞就是他創造出來的，而壓力政治有時也被稱為「惠勒主義」。

戒酒運動有數以千計的跟隨者，但是其所傳遞的訊息卻是混淆不清，而且欠缺領導人予以整合。例如基督教婦女禁酒聯合會（Woman's Christian

Temperance Union）同時也在推動素食主義，禁酒黨（Prohibition Party）同時也想影響森林保護與郵政相關政策。惠勒則是確立ＡＳＬ的終極目標：將酒精飲料逐出美國人民的生活。他早年穿梭於鄉鎮之間，在教堂發表演說吸收支持者。他的策略後來進化到電報、遊行示威與法律行動。無論是誰，只要支持惠勒的主張，就是他的朋友，而反對他的人都是他的敵人。他的原則就是如此簡單，甚至有些粗暴。

在此基礎上，一九〇〇年代初期，ＡＳＬ聲明反對七十位俄亥俄的州議員——約占了州議會的一半——其中有共和黨，也有民主黨，還有一些民粹主義者，重點在於他們對酒精飲料的立場。ＡＳＬ大獲成功，擊敗了他們所有人。如此一來，ＡＳＬ可以立法直接訴諸當地選民來決定他們所生活的地方是要「乾」，還是要「濕」（編按：在美國禁酒令年代，「乾」代表支持禁酒，「濕」代表支持酒精飲料）。不過身為共和黨人的州長麥倫．赫瑞克（Myron T. Herrick）修改了惠勒的法案，使其更具可行性（就他的觀點而言）。惠勒勃然大怒，暴跳如雷。

俄亥俄州通常是共和黨的天下，而赫瑞克是以該州有史以來得票率最高當選的州長。他富有、成功，又大受歡迎。更因為反對賽馬而獲得教會的支持。但這些都無關緊要，惠勒照樣撂倒他。

隨著下任州長選舉逼近，ASL出資發動逾三百場集會反對赫瑞克。ASL指責他是聽命於釀酒業的嘍囉，是「製造大量謀殺工廠的支持者」。釀酒協會發出一封信函給會員，呼籲他們私下默默支持赫瑞克，惠勒將這封信拍照，趕在投票前夕分送給數以千計的教會。結果這場選舉上演了俄亥俄州有史以來最大規模的逆轉。選票上所有列名的共和黨人都獲得提名，只有赫瑞克除外。惠勒表示：「再也不會有任何政黨忽視教會的抗議與來自當地的道德力量。」此一事件展現出他的策略威力有多大，他決定在全國複製他在地方上所獲得的成功經驗。

在他非友即敵的大原則下，他結盟了一批難以想像的群眾並建立組織——

從福音派牧師到世界產業勞工聯盟，該聯盟視酒精飲料是資本家用以麻醉勞工的工具；從爭取選舉權的婦女組織（這是惠勒最鍾愛的團體，因為他認為大部分婦女會投票支持禁酒的候選人）到推動都市進步的團體，這些人擔心都市貧民醉酒後的影響；從鄙視飲酒的黑人、猶太人與天主教移民的三K黨到真正的猶太人，信奉天主教的愛爾蘭人與義大利人組織。

如果對禁酒進行公民投票，ASL不可能贏。禁酒黨也絕不可能贏得總統大選。但是光就禁酒此一議題，通常便足以為支持禁酒的候選人帶來優勢，尤其是在競選不分軒輊的時候。惠勒可以讓他的選民支持某一位候選人進而改變選舉的結果。「我透過少數的力量來充當老闆。」他說。關鍵少數的選民使他擁有不成比例的影響力。

對於支持禁酒的人，惠勒大力擁戴，對於反對禁酒的，則是大肆攻擊、抹黑與反制。當一次世界大戰爆發，惠勒利用反德情緒攻擊所有反對禁酒的德國企業，尤其是釀酒商藍帶啤酒（Pabst）、施立茲（Schlitz）、布拉茲（Blatz）與米勒（Miller）。在他全盛時期，候選人必得支持他的主張才得以當選。

根據惠勒一位前同事的自傳，惠勒最終「控制六個州議會，指定了兩位總統……指導立法……控制共和黨與民主黨內部的平衡，受贊助的組織之多遠超過任何人，儘管沒有授權，仍可自外部監督聯邦機構，而且不論敵友，皆視他為美國最有權勢之人。」

若非所得稅，這一切都不可能發生。

即使是在惠勒一九〇五年於俄亥俄州立法上首次獲得突破性進展之後，要推動全國禁酒仍是痴心妄想。來自德國、英國與愛爾蘭的大批移民，使得飲酒與在北歐一樣，成為美國文化的一部分。飲酒已是美國數以百萬計民眾的個人權利。不過，也許更重要的是，酒精飲料是美國第五大產業，對酒類所課徵的稅收約占政府總稅收的四〇%。如果惠勒想要達成他的目標，他首先必須設法解決財政上的問題：他必須找到其他財源，彌補政府在酒稅上的損失。如果沒有找到替代財源，禁酒根本不可能實現。「全國禁酒的最大阻礙，」ASL在一份政策聲明中指出，「就是政府一定要這份稅收。」然而，憲法第十六條修正案給了他正在尋找的解決方案。

一九一二年，民主黨的伍德羅．威爾遜（Woodrow Wilson）成為在內戰結束後第一位當選總統的南方人士。他主張的新自由政綱的首要目的就是降低關稅，而調降關稅也成為他入主白宮後的當務之急。他的方法是以所得稅來彌補損失的稅收（後來又開徵遺產稅）。不過有鑑於所得稅最近才被最高法院裁定為違憲，要開徵此稅不是一件容易的事。

威爾遜之前一再提出警告，說華府已被遊說人士與利益團體所把持，藉以煽動人民的不滿情緒。他訴諸群眾的方式促使憤怒的選民要求他們的民意代表進行關稅改革。儘管民主黨控制了參眾兩院，但是威爾遜仍擔心南方與西部的民主黨人士可能不會支持他，尤其是主張保護當地產業的人士，而能夠獲得他們的支持對他而言十分重要。他經常與他們會面，然後做出逾一百年來沒有任何一位總統做過的創舉。他親自到國會提出訴願。這場聯席會議轟動一時，報紙大肆報導。會場內擠滿了人，眾議院所有的座位都被占滿。威爾遜的演說簡短。他大聲疾呼推動關稅改革。他表示，絕不接受一八九四年關稅改革失敗的恥辱重演，他的政黨必須承擔同意或反對此一改革的責任。他最終順心如願。

一九一三年的稅務法案將關稅稅率從四〇%降至二六%。第十六條修正案也獲得通過。所得稅將取代損失的稅收。如此一來，政府依賴酒稅的情況也會有所改變，反對禁酒的最有力主張已告消失。第一次世界大戰很快就會讓世人看到所得稅能夠創造多少稅收。但是在一九一三年，所得稅只對高所得者造成影響，稅率在一%到七%之間，然而到了一九一八年，最高所得者的稅率已達到令人咋舌的七七%。

在所得稅成為法律之後，ASL立刻喊出要踏出「下一步與最後一步」：全國禁酒令，並透過憲法修正案來確保其成為法律。再經過五年的努力，於第一次世界大戰結束後，惠勒終於完成夢想，全國禁酒法——沃爾斯泰德法（Volstead Act）——於一九一九年頒布實施。該法案儘管是依提出的議員命名，絕大部分都是由惠勒草擬。

惠勒也許成功地使飲酒變成非法行為，卻無法阻止美國人民飲酒。該法案有許多漏洞，任何人不論身在哪一座城市，只要想喝酒都可以輕易找到賣酒的地方（根據一位警官表示，光是紐約就有三萬二千家非法經營的酒館）。與此同時，始料未及的影響接二連三地出現。禁酒令使得過去不曾聽聞的組織犯罪大行其道。警方、法院和政界的賄賂與腐化風氣盛行，人人都視法律為無物。刑罰系統負荷過重。數以千計的人丟失工作，下場淒慘，不論是在經濟或個人生活上都是如此。禁酒令也創造出一種飲酒作樂的文化，然而健康問題卻是益形惡劣，劣質酒精使得整個情勢加速惡化——五萬人因此喪命，更別提還有多少人死於新興的犯罪浪潮之下。有酗酒問題的人都沒有受到適當的醫療照護——反而被視為罪犯。數以千計的合法生意被迫關門，取而代之的是不會繳納分毫稅金的非法活動。此一情況使得政府對所得稅的依賴更為加重，美國人民的所得稅負擔也隨之增加。

但是這些理由都不足以廢除禁酒令，儘管在一九二〇年代末期全國都對禁酒令恨之入骨。大眾仍懼怕禁酒的遊說勢力。最後是因大蕭條稅收銳減，迫使政府對禁酒令動手。酒精飲料創造稅收的能力是政治人物決定廢除禁酒令的動機。羅斯福需要資金來推行他的新政，因此他在一九三二年的競選活動上承諾，財政部將會獲得數以百萬計美元的啤酒稅收。惠勒此時已無法站出來反對，因為他已於一九二七年辭世。到了一九三三年，禁酒令廢止。一九四〇年酒精飲料的稅收達到六億一千三百萬美元。

一九三二年，胡佛出馬競選總統挑戰羅斯福。他進行了一次民調，調查結果於最近才被揭露。該調查顯示美國人民並沒有把大蕭條歸咎於政府，大眾最關心的議題是禁酒令。胡佛堅決擁護禁酒令，但是美國人民卻是一面倒地支持廢除禁酒令。這正好是民主黨端出的牛肉。由此來看，讓法蘭克林·羅斯福（Franklin D. Roosevelt）選上總統的關鍵，也許是廢除禁酒令，不是新政所帶來的願景。

第十二章

第二次世界大戰、美國與納粹

這是有史以來，用以分離人民手中錢財最強而有力的機制。

《時代雜誌》（一九四二年十月號）

戰爭愈浩大，稅賦壓力也就愈沉重。第二次世界大戰使得全球稅賦大增。正如美國總統富蘭克林・羅斯福所言：「戰爭很花錢。」

美國在第一次世界大戰的花費有二二%是由稅收支付。至於其餘的則是由舉債與印鈔票來解決。不過美國一般民眾大都尚未接觸到所得稅。一九四二年的稅務法改變了這樣的情況。必須繳納所得稅的美國人民由一千三百萬人增至五千萬人以上。突然之間，七五%的美國工作階層發現自己要繳稅。此一法案「將導致納稅人數與繳納金額創下美國有史以來最高。」《時代雜誌》指出。該雜誌的預測沒錯。

該法案又稱「勝利稅」（Victory Tax），政府並發起鋪天蓋地的宣傳活動來闡明繳納此稅的正當性。為了教育人民如何繳納此稅與化解人民對此稅的憎惡，當時的財政部長小亨利．摩根索（Henry Morgenthau Jr）委託華德．迪士尼（Walt Disney）製作一部影片，名為《新精神》（*The New Spirit*），主角是唐老鴨。美國當局也找來一批藝人宣揚納稅不僅是愛國的行為，也是一種樂趣。歐文．柏林（Irving Berlin）寫了一首歌，由金．奧崔（Gene Autry）主唱：「我今天繳納所得稅了。」這首歌高調慶賀民眾所繳納的稅金如何資助一千架飛機轟炸柏林。以如此熱情奔放的方式將稅收與戰爭相結合，實屬罕見。

到了一九四四年，所得稅的最高稅率達到九四%。在一九四四年二月時，若詢問美國民眾是否接受這樣的稅率，九〇%的人都會表示肯定。但是真正負擔此一稅率的人可能就沒有這番熱忱了。

二戰期間，美國總共買了大約一千三百萬支槍、四百億發子彈、十萬輛坦克、三十萬架飛機、十艘戰艦、二十七艘航空母艦，以及兩百艘潛水艇。財務壓力沉重無比。美國聯邦政府在二戰所承擔的成本比一戰時多出十倍，高達三千二百一十億美元左右。這次的稅收支付了四八%的成本。其餘的則是靠著借貸與通膨解決。二戰結束時，美國的債務已翻了六倍，達到國內生產毛額的一一〇%。儘管應該包含在內計算，但通膨因素並未被納入。根據估計，通膨所造成的貨幣貶值或許占了戰爭成本的二二%左右。而在歐洲，通膨可能更高。

美國的參戰使得盟軍得以扭轉戰局。美國在二戰的軍事行動有很大一部分都是仰賴新課徵的所得稅來支撐。

除了舉債，所得稅現在已成為美國收入的主要來源。大政府時代開始邁步向前。

工作、福利與戰爭：納粹德國的財源

納粹是在一九三三年大蕭條的環境下接掌德國。當時德國失業率高達三〇%，失業保險制度已全面崩潰。

根據歷史觀點而言，納粹之所以興起，是因為大蕭條造成的經濟衝擊與一戰後的《凡爾賽和約》為德國帶來的沉重財務壓力。不過一九三〇到三三年的選舉資料顯示，尚有其他的促成因素，特別是政府增稅與削減支出。有人認為，如果前任總理海因理希・布呂寧（Heinrich Brüning）採行擴張性的財政政策，納粹可能根本不會勝選。希特勒當下就看出這點，他表示布呂寧的緊縮政策「將幫助我的政黨獲勝。」布呂寧的繼任者改採財政振興政策，納粹因此喪失席位，但是一切都太遲了。

納粹掌權之後，立刻展開大規模的公共計畫——這些計畫大都是由其前任所規劃——以刺激經濟。當時德國經濟衰退已經觸底，景氣反彈是必然的趨勢，不過儘管如此，這些公共計畫的效果仍是驚人。一九三四年底，德國失業人口已由近六百萬人降至二百四十萬人。納粹自然將功勞攬在自己身上，並大動土木，興建道路與體育館、學校和醫院等公共建築，且積極發展工業——四處可見鉅額的公共支出。到了一九三八年，德國基本上已全面就業，當局透過薪資與物價管制來壓抑通膨。一九三九年，德國實際上短缺了一百萬名勞工左右。德國於是自其所征服的地區，主要是波蘭，引進外勞填補空缺。

奉行國家社會主義的納粹全力推行社會福利。「我們，也只有我們，擁有最好的社會福利制度。」宣傳部長約瑟夫・戈培爾（Joseph Goebbels）誇口表示。納粹推出了許多社會福利措施，於一九三三年成立了福利機構「國家社會主義人民福利組織」（The National Socialist People's Welfare），旨在推廣人民與社區的集體福利。該機構為一千七百萬人提供援助，是「全世界最大的社會福利機構。」其條款內容涵蓋了你認為一個慷慨大方的社會福利制度所應有的一切措施：失業與失能救濟、房租津貼、日間托兒所、健康保險、老年保險與養老院。與此同時，也成立「德國勞工陣線」（The German Labour Front），是納粹在德國所成立的最大單一組織，還經由名聲欠佳的「透過歡樂帶來力量」（Strength Through Joy）系統，為勞工實施了許多福利計畫。此外，國民教育也是由國家負擔。

一如所有的公共支出計畫，其立意——照顧所有人民——博愛且崇高，但問題是要如何支付。

納粹在一九三三年競選時所做的承諾中，有一項從未實現，就是減稅。德國的稅賦在前朝的政權下，久久居高不下，現在也依然如此。營業稅約占了稅收的二〇%，所得稅則占了三分之一。

除了要繳稅外，德國的僱主與勞工還須向勞工陣線繳費，因此薪資所得者平均有三〇%的薪資被政府取走。隨著戰爭迫近，沉重的稅賦壓制了民間消費，但同時期政府在軍工產業的支出則是持續增多。

希特勒本人則不須繳稅。一九三四年慕尼黑稅務局寄給希特勒一張罰單，理由是沒有申報所得與繳稅，並給他八天的時間處理。但是在財政部某位官員說了幾句話之後，慕尼黑稅務局隨之宣布：「撤銷元首所有的申報與納稅義務，元首因此免除稅賦義務。」

總體而言，德國稅收對債務比率溫和，其稅賦與英美的水準相差不大。不過在戰爭開打後，德國稅賦並未如同盟國那樣迅速跳升。

根據歷史學家格茨．阿利（Götz Aly）指出，「公務人員一再嘗試增稅，但是都被納粹高層擋下來，以保護中、低收入的人民。」納粹成立「帝國部長防務理事會」（The Ministerial Council for the Defence of the Reich）以擬定戰時的徵稅計畫。該理事會規劃了對所有的薪資所得者開徵五〇%的附加稅，但是又將「德國富人之外的所有人排除在外……最後只有四%的人必須繳納五〇%的附加稅。」儘管德國納粹政權在戰時的收入增加了九五%，但是稅收所占的比率卻是愈來愈小。一九三九年時，德國的支出有四五%是由稅收來資助。而到了一九四四年時，此一比率已降至一六%。總稅收還不及德國舉債的一半。

納粹運氣很好，執政時德國的公共債務並不多。當時德國對惡性通膨仍是餘悸猶存，因此對舉債與貨幣擴張的態度仍十分謹慎。納粹同時也因前朝政府在一九三二年達成的一項協議而受益匪淺，該協議是暫時中止《凡爾賽和約》中，大部分的賠償規定。這使得希特勒在一九三三年享有預算順差，他也因此大加利用，開始大肆借貸。一九三六年，帝國銀行（Reichsbank）總裁亞爾瑪·沙赫特（Hjalmar Schacht）對於令人憂心的通膨提出警告，但很快便遭到解僱。納粹對他的警告置若罔聞。

一九三七年，德國債務是 GDP 的四〇%。相較之下，英國名目上的債務還比較高，但是德國有大批債務都是在官方的聲明之外。戰爭結束時，估計德國的債務增加了一〇〇〇%，不過事實真相是德國的債務被納粹視為機密，而且納粹在數額上也大動手腳。德國大部分的債務都是由內部運作，戰爭結束時，所謂的祕密借貸與強迫借貸的作法都相當普遍。

債務、稅賦與通膨稅並不足以支撐政府的支出，納粹德國必須另覓其他的財源。

大屠殺始於課稅

納粹視德國猶太人為劣等民族與外國人，但是對於他們的財產卻不是如此看待。德國的戰時支出有三分之一是來自於沒收猶太人的財產。

納粹稅務主管機構的工作之一是「摧毀猶太人的財務」。自一九三四年起，德國的稅法之於猶太人就有差別待遇。猶太人必須登記他們所有的財產，不論是在國內還是海外。如果發現有隱瞞不報的財產，就會被判處十年有期徒刑，並沒收所有的財產。猶太人在申報財產之後，馬上就必須面對德國國會議長赫爾曼．戈林（Hermann Göring）對猶太人下達的課以二〇％財富稅之命令。猶太人是德國最富有的群體之一，財富稅因而為德國徵收到數以百萬計的錢財，甚至連設法逃出國外的猶太人都須繳納出場稅。

納粹禁止猶太人在某些特定部門工作，例如公務員、法律界與醫藥界。猶太裔的稅務顧問執照皆遭到吊銷。納粹也明令公共（國家）健康保險基金不得支付、僱用猶太醫生。猶太演員也不得出現在舞台與影片中。

納粹官僚的整個階級體制之所以形成，目的就是為了向猶太人課稅。他們「搜尋猶太人的住所與銀行帳戶，然後將它們清空。」慕尼黑大學的克麗絲汀・庫勒（Christine Kuller）表示。然後，他們也會確保處置掉消失於死亡集中營的猶太人的所有蹤跡。納粹的財富不僅來自出售被送至死亡集中營的猶太人之財產，同時也來自逃出國外的猶太人。納粹就其向猶太人所掠奪的財產舉行拍賣會，拍賣所得會存進蓋世太保的銀行帳戶，然後交給位於柏林的帝國銀行。在劫掠波羅的海諸國與波蘭之後，德國的稅務人員會詳細記錄掠奪的項目、運送的火車與目的地，但是對於猶太人的財產，他們卻不會如此詳細記錄。

一九三八年，軍事預算增加，支出更是直線飆升到失去控制，納粹通過一項法案，將德國猶太人擁有的財產國有化。戈林發行了戰爭債券，以交換他們被劫掠的財產，可是這些債券只有在德國贏得戰爭的前提下才能兌現。

至於德國所攻占的地區——從北邊的斯堪地那維亞到南邊的希臘與義大利，從西邊的法國到東邊的俄羅斯——納粹依循著傳統征服者的做法。他們先是大肆掠奪，接著再課以重稅。劫掠的情況十分猖獗——士兵竊取私人財物、設備與汽車；甚至把巴士與火車都運回德國。稅收減免方案更是讓德國士兵肆無忌憚：他們自當地住家、農莊與商店劫掠物品，只要能塞入郵袋寄回德國，都不必繳稅。一九四〇年，入侵俄羅斯的前六個月，德國士兵總共運出三百五十萬袋的劫掠財物。

納粹提高了占領區士兵的薪資，卻同時也將被占領國家的貨幣貶值，如此一來，德國士兵的購買力大增，能夠購買更多的物品（通常都是以低於市價的價格購買）運回德國。占領區的人民因此面臨物資短缺與物價大漲的情況，導致人民挨餓，經濟凋敝。希臘就是因此遭到惡性通膨的重擊。

占領區的人民還必須對駐紮在附近的德國軍隊納貢。他們被迫將持有的黃金存入德國央行。在法國，德國掌控股市，賣出部分股票來支付花費。

就和財產一樣，占領區人民的勞動力也被沒收，甚至他們的生命。先是猶太人、政治異議人士、同性戀者、罪犯，接著是戰俘與人民，都從占領區被送到勞動營工作。根據估計，大約有五百萬名波蘭人民被送到勞動營，其中有三百萬人喪生。根據歷史學家麥可·艾倫（Michael Allen）的估算，一九四四年時德國的勞動力，不論是在工廠還是農村，有四分之一都是來自奴隸。

贏了戰爭卻輸了和平的國家

二戰期間，英國納稅人也經歷了與美國表親同樣的經驗。所得稅率與納稅人數皆達到歷來最高。在一九三八年時，英國人口達四千七百五十萬人左右，其中有四百萬人需要繳納所得稅，到了戰爭結束時，繳納所得稅的人數增加了三倍，達到一千二百萬人。如果你認為美國對高所得者課徵九四％的稅率是在懲罰富人，那麼你應該看看英國，它的最高稅率更是高達九七．五％。

英國的債務在一九三九年時是八十三億英鎊，到一九四五年已擴增約三倍來到二百三十億英鎊（相當於九百二十億美元）——約是GDP的二三七％。英國在戰爭爆發之初是向國內借錢，不過在結束時，則是依賴大部分來自美國的外債。

不只是戰爭的費用，戰後的重建也讓英國左支右絀。例如在閃電戰中，歐洲東南部就有兩百萬戶家園遭到摧毀。（全歐洲的基礎設施都遭到美國與加拿大未曾經歷的重創，除了珍珠港之外。尤其是德國，例如烏茲堡（Würzburg）有八九％、雷姆沙伊德（Remscheid）與波洪（Bochum）有八三％、漢堡（Hamburg）與伍珀塔爾

（Wuppertal）有七五%的基礎設施都遭到摧毀。）

戰爭期間，美國主要透過租借法案對英國提供援助。戰爭結束後，美國又借給英國五億八千六百萬美元，並且提供五十年分期償還的三十七億美元信用額度。然而，慘的是這些債務都是以美元計價，隨著英鎊貶值，英國的債務負擔愈加沉重。有鑑於美國堅持英國必須出售其黃金與美元儲備，並對其財務進行審核，英國實質上已喪失自主權。英國被迫出售大量資產，尤其是位於美國的。總而言之，這場戰爭使得英國痛失其在全球排名的地位與其帝國。

與一戰時一樣，通貨膨脹也在其中軋上一角。自一九三八到四六年間，英國人的生活成本增加了六〇%。到了一九五一年，生活成本更是加多一倍以上。換句話說，英鎊貶值了五〇%。通貨膨脹還有一項惡毒的副作用，就是將薪資所得者推上更高級距的稅率，使得他們必須繳納更多的稅。

過去的戰爭，費用都是以對新征服地區的掠奪與課稅來支應，但第二次世界大戰的不同之處，是其代價落在戰勝國的人民肩上，尤其是英國。英國也許是站在勝利的一方，卻沒有享受到勝利的果實。一九四六到四七年的稅賦是開戰前一年的三倍。這個曾是世界最富有的國家直到一九五四年都還在實施食物配給制。英國一直到二〇〇六年才還清對加拿大與美國的債務。儘管德國在一九五三年就核銷了所有的外債，但英國履行了其大部分的戰時債務。也許這就是為什麼有人說德國與日本「贏了和平」的原因。

第十三章

社會民主主義的演進

若是政府將奪自彼德的財物送給保羅，肯定可以永遠依靠保羅的支持。

蕭伯納（George Bernard Shaw）（一九四四）

每次世界大戰結束時，政府的支出總會減少，但是稅賦卻從來沒有回到戰前的水準。甚至連接近都稱不上，相反的，反而更高。所得稅現在已成為二十世紀人類生活的一部分。戰爭將課稅精靈自瓶中釋放，卻沒有人把它收回去。財政研究所（The Institute of Fiscal Studies，IFS）將這樣的現象稱之為「棘輪效應」（Rachet Effect），政客競選連任的壓力使其難以在承平時期增稅，但是「戰爭解除了這樣的桎梏」，而且一旦開徵新稅與提高稅率，鮮少撤除。

即使是在今天，曾參與二戰的國家的所得稅率，大都高於沒有參與的。以智利為例，它是經濟合作暨發展組織（OECD）國家中，所得稅率最低的（相對於GDP），而該國幾乎沒有參與二次大戰。這並非定理，但值得注意。OECD國家中，政府支出最低的是智利、愛爾蘭、哥斯大黎加、韓國與瑞士——這些國家介入二戰的程度遠不及政府支出最高的五個國家：芬蘭、法國、丹麥、比利時與希臘。

高稅率之所以存續下來，部分是因為政府在戰爭期間承擔了許多新的責任，例如舉債、重建與照顧受害者。同時也是因為放眼全球，所有的政治人物都希望能夠在當下贏得聲望與民意，於是推出許多計畫，而這些計畫都要求政府在未來必須投下大筆經費。政治人物闢建新路、興建學校或是增加福利的承諾，往往都是政府難以擺脫的責任。承諾愈多，政府的規模也就愈大——拜世界大戰所賜，現在的稅制已足以履行這些承諾。今天，納稅人所面臨的納稅義務，可能是來自百年前的決策。政府今天許下的支出承諾，也可能會為將來的子孫帶來相同的義務。

也因為如此，政府的責任範圍從傳統領域，如軍隊、警察與公共建設一路擴增至經濟、教育、社會福利以及保健等其他領域。根據下頁由經濟事務學會（Institute of

	1870	1913	1920	1937	1960	1980	2000	2010	2015	2018
澳洲	18.3	16.5	19.3	14.8	21.2	34.1	34.6	36.6	35.6	35.4
法國	12.6	17.0	27.6	29.0	34.6	46.1	51.1	56.4	57.0	56.2
德國	10.0	14.8	25.0	34.1	32.4	47.9	44.7	47.4	44.0	43.9
英國	9.4	12.7	26.2	30.0	32.2	44.7	37.8	48.8	43.2	40
美國	7.3	7.5	12.1	19.4	30.0	35.3	33.9	43.2	37.8	37.8

政府一般行政支出以市價計算占GDP百分比（%）

Economic Affairs）所提供資料製作的表格，可以看出各國政府支出自一八七〇年開始大幅增加。澳洲增加了一倍。德國、法國與英國增加了四倍有餘。美國則是大約五倍。

儘管其間有一些起伏，不過大趨勢是政府支出規模持續成長。在進入二十世紀之際，歐洲國家的政府支出約是GDP的一〇%，稅賦都很低。然而在一百年後的二十一世紀初期，此一數字在歐洲許多國家已達五〇%以上，而且稅賦都大為增加。所得稅，身為政府稅收的單一最大來源，是促成此一成長的最大可能。

二次大戰後，英國是一個相對高稅率的國家，而且一直持續到一九七〇年代末。英國政府支出占GDP比率自一九四八年持續上升直至一九七七年。

一九六〇年代下半的增稅與稅賦，更是二十世紀戰爭外的承平時期以來最重。不過至一九七〇年代晚期，政府的態度有所轉變，當時柴契爾夫人成為英國首相，而美國總統則是羅納·雷根。這兩位國家領袖都主張低稅賦與小政府，政府支出所占比率因而趨於平緩。其他大部分的已開發國家，政府支出規模則是持續成長至少到一九八〇年代之後。

隨著雷根與柴契爾夫人的上台，吹起了一陣所得稅最高稅率調降風。這是一個全球性現象。一九〇〇年的時候，高所得者所得的最後部分要繳納的稅率幾乎是零。一九一〇年後，最高邊際利率問世，且持續上升。在英國，加上附加稅，一九五〇到六〇年代的最高效率達到九〇％（在戰爭時期更高）。到了一九七八年，最高稅率級距達到九八％（並非所有人的所得都要課以九八％的稅，而是所有所得超過一定水準的才須課以如此重稅）。就當時通膨肆虐，而稅率門檻不變的情況來看，有愈來愈多的民眾發現他們被列入較高的稅率級距，繳交的稅額增加了。

大約在一九八〇年之後，大部分的國家開始降低較高稅級的稅率。柴契爾夫人將最高稅率降到六〇％，然後在一九八八年又降至四〇％。今天，此一相關數字是在四五%。德國與法國較此一水準略高一些，美國則是在三九・六%。但是最高邊際稅率降低並沒有導致政府規模縮小，只是減緩擴張而已。

地方政府慢速死亡

然而，並非所有的稅賦全面增加，也並非所有地區的政府規模都呈現擴張。二十世紀關於稅賦的另一個特色是地方政府的稅收反而縮減。在二十世紀初期的英國，地方稅收約占了總稅收的三分之一，現在此一數字只有三%到四%。IFS更指出，「如今還具有實質意義的地方稅——只剩下市政稅——不過也只能承擔地方政府七分之一的支出。」

美國也是一樣。在二十世紀之初，地方政府的稅收甚至比聯邦政府還多。即使是在大蕭條前夕，地方政府的稅收約占了美國總稅收的一半，光是由地方政府課徵的財產稅就占了四〇%。不過在大蕭條時期，地方稅收直線下墜。到了二戰結束，地方稅收只占了政府總稅收的一〇%。這樣的現象有部分原因在於無須經過地方課徵的稅賦——尤其是所得稅——大幅增加所致。不過還有其他的因素。

也許政府課稅的首要原則，就是找最容易課到稅的地方下手。中央政府以遙控手段，透過從稅源扣繳的方式來課徵所得稅已證明是一件相對容易之事。反之，地方政府就難以使用這種直接自稅源扣繳的方式來課稅。地方民眾普遍拒絕遵守當地稅法。民眾大都不會樂意將已經到手的錢再交出來，尤其是他們已繳納了聯邦稅。有這麼一句話：「人民以無奈悲傷的心情繳稅給政府，但是卻以憤怒的心情面對市議會。」在地方上，稅務人員和地方政府與人民間的互動較多，也較容易招來抱怨與不滿。

在英國，柴契爾夫人試圖在地方上開徵人頭稅，結果此一政策嚴重失敗，並演變成導致她倒台的政治勢力。斯堪地那維亞半島有很大比率的稅收都是來自地方，可以算是此一模式的例外。不過即使如此，大部分的稅收仍是來自對所得稅稅源的扣繳，甚至是在地方層級。

在許多國家，都是由中央課稅再分配到地方。在此一過程中，權柄也移轉至中央的手中。誰擁有稅收，誰就擁有權力。政府因而益發地中央集權化，與民眾和地方的距離也愈來愈遠，在許多方面也無須直接擔責。由於中央政府遠比地方政府會課稅，政府的本質也發生改變。

數位貨幣與增值稅（VAT）＝更多的稅收

二十世紀晚期的稅賦有一項驚人的特色，即中央政府課稅的效率大增，甚至在高稅率之下也是如此。

在二戰期間與結束之初，大部分國家都採取新措施以確保能夠從稅源課稅：美國在一九四三年的《現行納稅法》中引入了預扣稅的措施，翌年英國也推出所得稅預先扣繳制（Pay As You Earn，PAYE）。在此之前，課稅大都是一年一次或一年兩次。但是現在他們卻是每週或每月扣繳，讓政府能夠更快拿到錢。課稅的效率提高與稅收的速度加快也強化了政府支出的潛力。美國財政部表示，預先扣繳稅額的措施「大大減輕了納稅人繳稅與國稅局徵稅的負擔。」財政部並承認此一措施「也大幅降低納稅人對自己到底被課了多少稅的認知，也就是降低了課稅的透明度，有助於未來更易徵稅。」換句話說，就是鵝不知道鵝毛被拔了。到了一九五〇年，幾乎每個已開發國家與許多開發中國家，都建立了就源課稅的行政體系。

政府有效利用僱主作為他們的稅務員。違反稅法或拒絕繳稅將面臨罰款或是更為嚴格的懲罰。銀行成為政府的幫手，其工作是確保課稅順利與上報可疑的活動。政府發行貨幣，加上央行的維持，更強化了當局的控制。一九八〇與九〇年代的科技發展，促成貨幣數位化與支付電子化。這樣的發展也意謂抗拒課稅的難度大為提高，課稅的效率與達標率都獲得顯著改善。

另一項進化是VAT與銷售稅的課徵。一九六〇年時，只有一個國家有VAT——就是該稅的發源地法國——不過，當然，在此之前貨物稅與銷售稅就已在其他地方出現。到了一九八〇年，有VAT的國家達到二十七個，今天則是有一百六十六國有VAT。各國政府向來都是相互快速複製具有高效率的稅賦制度。「一個政府學得最快的東西，就是另一個政府如何壓榨百姓的口袋。」亞當・史密斯曾經如此感嘆。VAT的稅率在全球都差不多，大致落在一五%到二〇%之間（斯堪地那維亞國家是在二四%到二五%）。歐盟的VAT最低稅率是一五%。企業再一次成為政府的稅務員：法律規定任何人的交易金額超過最低限額，就必須繳交VAT，然後上交給政府。

由此來看，政府為提高效率，課稅工作全採外包，只要有人不遵從就會倒大楣。

有人批評 VAT 並不公平，因為它不是累進制——人人都是繳交相同的稅率，因此窮人所支付的稅額占其財富的比率也較高。不過也有人以相同的理由認為 VAT 十分公平——大家都負擔同樣的稅率。VAT 的副作用之一是導致消費稅減少。消費稅本身就含有自願性質的 VAT——如果你不願意，你大可不必購買商品與繳交 VAT，不過也有人認為 VAT 可能造成交易減少。現在有許多政府會針對需要扶植的產業採取豁免 VAT 的措施。

不論你的觀點為何，VAT 現在已是政府稅收的一個重要來源。在許多國家，例如智利、俄羅斯與中國，VAT 都是政府稅收的最大來源。在英國，VAT 約占了總稅收的一七％。而在歐陸平均占了二八％。美國沒有 VAT，不過在商品與服務上的稅收約占了政府總稅收的一七％。

為何已開發國家比開發中國家會課稅

已開發國家與開發中國家間有一個顯著的不同之處，根據資訊研究網站「用數據看世界」（Our World In Data）指出，此相異處在於「已開發國家今天透過課稅所徵收的國家產出，遠超過開發中國家。」之所以出現這樣的情況，有許多原因。

其中最主要的原因是已開發國家的金融科技、銀行與稅制架構都較為先進。已開發國家人民對政府機構也較具信心，因此也比較尊重稅法。開發中國家則是大都仰賴對貿易與消費的課稅。此外，有許多開發中國家未被捲入造成所得稅提升的前兩次世界大戰。

因為如此，高所得國家的中央政府——尤其是歐洲國家——因而較開發中國家更能掌握國家的產出。例如法國，中央政府的支出約占了全國產出的五〇％，而奈及利亞卻只有六％。

隨著國家的發展，稅收也會增加。例如土耳其，其稅收自一九八〇年以來已成長一倍。在中國，針對個人與企業所得所課徵的稅收占 GDP 比率在二〇〇〇到二〇一二年間也擴大一倍。結果是已開發國家較開發中國家有更多資金投入社會福利。相反地，開發中國家則是可以獲得更多的成長、與減少停滯不前的風險。高效率的課稅方法、金融科技與社會福利支出的多寡，三者之間息息相關。隨著時間的流逝，我們可以預見開發中國家會踩著已開發國家過去的步伐，逐步完善其課稅技巧。事實上，我們已經看到這樣的情況。

政府支出的重大變化

稅法過去唯一的用途就是籌措經營政府的資金。
但是今天的稅制有許多層面，
包括所得重分配、鼓勵偏愛的產業與反制不利的行為。

阿瑟．拉弗（二〇一一）

美國的軍事支出並未因二戰結束而停止，之後是冷戰、韓戰與越戰。接著美國又被捲入中東的混戰，直到今天仍無法脫身。美國現在的國防支出每年高達八千億美元以上，在聯邦預算上的比率超過二〇%。[1]美國國防部現在已成為全球最大的僱主，得支付三百二十萬人的薪水。美國軍事工業體系現今已成為一股極具影響力的遊說力量。

但是儘管牽涉到如此龐大的金額，就GDP的比率而言，美國的軍事支出相較於其他方面的支出，實際上是在下降。一九六〇年時，美國國防支出占GDP比率是八%，現在則是三%。

在其他地方，國防支出的下降更為顯著。全球國防支出占GDP比率的平均值在一九六〇年時是六%，今天則是二%。歐洲的國防支出占GDP比率現在只有一．五%——就比率而言，還不到美國的一半。英國國防支出占GDP比率現在是一．八%。在一九五三年時，英國國防支出占政府總支出的二五%，今天卻不到五%。

在基礎建設以及像是社會住宅這類公共工程上的支出也在下降。在英國，這方面的支出僅及一九六〇與七〇年代的一半。就資本投資占GDP比率的全球排名來看，英國今天的排名第一百三十二位，支出比率不到一七%。現今的英國主要是仰仗民間與公私合作關係來籌集投資資金。至於美國的排名則是從一九六〇年的第十五位一路降至現時的一百零九位。

儘管在基礎建設與國防上的支出都有所減少，但是政府在其他方面的支出仍在持續地擴張。第一次世界大戰後，英國計畫提供「英雄之地」(a land for heros)，並在二戰結束後確實採取了類似的行動。新上台的工黨政府以大規模的社會福利計畫取代了戰爭的經費，尤其是國家保健局。整個歐洲的情況大都如此。公共支出在一九四五到八〇年間快速成長，主要是投入社會福利、保健與教育等方面。英國的社會福利支出占國家預算比率在一九四八年時是一五％，今天則達到三〇％以上。保建方面的支出則從一九五六年的八％擴增至今日的二〇％以上。預期光是國家保健局的支出在二〇二三年前就將達到GDP的三八％。教育支出在一九四〇、五〇與六〇年代持續增加，在此之後大約維持在國家預算的一一％左右，相當於GDP的四％到六％之間。各國間的數字可能略有不同，舉例來說，美國可能會令眾人感到訝異，因為其在保健方面的支出（透過其保險制度）比大部分的歐洲國家都多。不過大趨勢依然不變：國防與基礎建設的支出減少，同時在保健、社福與教育方面的支出增加。藉由稅賦來推動財富重分配與「減少資本主義的不公」不僅是冷戰時期的意識形態武器，現在依然如此。

如果僅是就每日的觀察來看，這樣的變化很難察覺。在這邊或那邊的預算上增加幾個百分比似乎都微不足道。不過若是從百年的角度來觀察這些持續增加的效果，就可看出政府的角色與規模的轉變有多大。在一九〇〇年的歐洲大陸，大部分地區的社會支出占GDP比率還不到一%，然而今天都在三〇%以上。在丹麥與芬蘭這樣的國家，政府支出有四〇%以上都是用在社會福利上。韓國與美國則是接近二〇%。若是以絕對值而非我上述的相對值來看——增加幅度甚至更大，因為這段期間的人均所得更是驚人地顯著成長。

納稅自由日（Tax Freedom Day）

一九四八年時，佛羅里達的一名商人想弄清楚美國人民平均要繳多少稅給政府才夠。

此人名叫達拉斯．赫斯特勒（Dallas Hostetler），他想到一個主意。他要統計出一年中，平均每位納稅人對政府繳清稅款與償清債務的日子。從那天開始，他們所賺的才屬於自己，可以自由花費，而不是交到政府手中。

他將這一天稱作「美國納稅自由日」。

在此之後的二十年，赫斯特勒每年都會計算出美國納稅自由日。他甚至註冊版權。一九七一年，他退休時，將版權交給華府的「智庫稅賦基金會」（Tax Foundation），由該組織繼續計算納稅自由日。現在全球有許多組織都在統計自己國家的納稅自由日。英國的是「亞當．史密斯研究所」。

不過，此一計算並不精確，因為其中牽涉到太多的平均數，但藉由透過對各國納稅自由日的比較，你大致可以了解到在這個國家要繳多少稅、政府的相對規模與水準，以及該國人民所享有的經濟自由度。這是一個簡易理解一國稅賦在經濟中所承擔比重的方法。

美國與澳洲的納稅自由日都是在四月的最後一週。英國則要等到六月，法國與比利時的人民更要等到七月的最後一週，才能完成他們對國家的納稅義務。

在二十世紀之初，納稅自由日都是在一月中旬到來，不過隨著政府規模擴大，日子也開始往後延。將時間放長就一個人的一生來看，至少有二十年的工作付出是沒有酬勞的，甚至有許多是二十五年。

中世紀的農奴每週必須在領主的土地上工作三天，以換取領主的保護與擁有自己土地的權利。在二十一世紀，一般人民的勞動力有四〇%到六〇%都是交給國家，以交換國家的保護與保有剩餘勞動力的權利。今天的情況已不像過去那般嚴峻。我們今天享有更多的言論與行動自由。我們的福利也遠超過中世紀的先人們。然而，看到我們為了履行納稅義務所花的時間與過去基本上所差無幾，仍讓人不免深思。

第十四章 非官方課稅：債務與通膨

年輕人有福了，因為他們要繼承國債。

赫伯特・胡佛（Herbert Hoover）（一九三六）

儘管稅賦頗高，但是政府的支出在大部分的情況下都大於稅收，罕有預算順差的情況。可是政府必須履行其承諾，因此需要另尋他途來增加收入，其中最主要的途徑就是舉債。

當然，舉債並非課稅，卻可視為如此，特別是從政府使用舉債的方式來看。這是「對未來課稅」。

在第一次世界大戰期間，美國對英國慷慨解囊，然而這些借款直到一百年後的二〇一五年才全部還清。事實上，是由我這一代在償還我曾祖父輩所積欠下的債務。我們的後人也將必須承擔我們今天對財政不負責任的後果。

在我下筆之際，美國的國債已高達二十一兆五千億美元。美國國債在喬治・布希時代擴張一倍，在歐巴馬時代又增加一倍，現在在川普執政下還會再次翻倍。除了在一九九八到二〇〇一年這四年間出現小幅順差外（與網際網路泡沫有關），美國自一九六九年以來一直是呈現預算赤字。

英國的國債是二兆英鎊；德國是二兆一千億歐元；法國是二兆三千億歐元，義大利則是二兆四千億歐元。在此必須提醒諸位一兆到底有多大，它是百萬的百萬。

這種有如天文數字的債務水準只會愈來愈高。全球幾乎每一個已開發國家皆面臨債務問題，但政府卻仍持續虧損。日本自一九六六年以來，每年都是預算赤字，法國則是自一九九三年開始，而義大利自一九五〇年開始的預算赤字更是看來永無止日。惡性循環下，債務繼續增加。英國債務占 GDP 比率已超過八〇%。法國與西班牙都在九〇%以上。美國是一〇〇%、愛爾蘭是一一〇%，葡萄牙與義大利是一三〇%。至於旭日之國日本的負債占 GDP 比率更是達到駭人的二三〇%。儘管他們可能多方嘗試——有許多可能連試都沒試一下——政府還是無力控制支出。他們的責任——因前人所做的承諾而帶來的負擔——實在太沉重了。

「到底誰是債主？」這是一個經常會被提出的問題。在這方面，美國債務有三〇%的債主是外國，尤其是中國，以及外國投資人。另外三分之一是由自己的聯邦政府透過社會福利基金、退休基金等等而持有。同時，美國聯邦儲備銀行（The Federal Reserve Bank）透過量化寬鬆的手段大印鈔票創造資金購買債券，持有一二%的債務。這是一種數位印鈔的概念。至於剩下的則是在共同基金、銀行、退休基金、保險公司與其他投資人手中。人類學家大衛·格雷伯（David Graeber）認為，美國的海外債務其實是變相的現代進貢，為的是支付其在海外的軍事存在力量。

英國有二五%的債務是由英格蘭銀行持有（和美國聯邦儲備理事會一樣，也是以印製鈔票來買債券）；二五%是由外國與外國投資人持有，其餘的則是由銀行、住宅互助協會、退休基金、保險公司與投資人所有。

你的退休基金中可能擁有政府的一些債務。所以，無論你是否知情，你可能都有借錢給政府。政府債券市場龐大無比，總市值超過一百兆美元，可能是全球股市的二倍，僅次於外匯市場。

目前美國國債的應付利息大約是聯邦預算的七％。英國則接近六％（教育預算的一半以上）。隨著債務不斷擴增，儘管是低利率，光是償還利息就是一項艱鉅的挑戰，遑論清償債務了。如果利率回到歷史正常水準，在四％到六％，勢必會對政府財政造成嚴重擠壓。

然而，若非讓貨幣達到某種程度上的貶值，這些債務根本不可能償還。這幾乎是一個無法解決的問題。由於情勢並沒有急迫到需要立即解決的程度，大部分的政治人物——就像我們其他人一樣——選擇忽視。但是赤字持續擴大，債務也隨之加重，政府的財政壓力也將無可避免地持續升高。

有許多人都訝異債務危機為何還未出現。如果真的出現，就和二〇〇八年的金融危機一樣，也許每個人都會搔著腦袋疑惑政府怎麼會容許國家積欠下這麼多的債務。女王會詢問經濟學家為什麼沒及早發現這個問題。有些人會兩手一攤回答：「我們有啊。」可是沒人理會。而德意志銀行（Deutsche Bank）的資深分析師吉姆．瑞德（Jim Reid）則認為，「在衝擊與危機較常發生的時期，債務與預算赤字往往也較高。」然而我們現在所經歷的卻非戰時，這是前所未有的。

不論結果如何，你都可以確定政府最終會轉向稅務人員求救。然而那些將會面對我們今天所欠債務結果的人，甚至都還未出生。就投票權來看，他們甚至無法置喙一句，但是他們卻需要繳稅來償還債務——或者，更糟的是，面對欠債的後果。這已不僅是對未來課稅，引用美國革命先驅的吶喊，這是沒有代表卻遭課稅。

通貨膨脹稅

凡有的，還要加給他，使他充足有餘；凡沒有的，連他所有的，也要奪去。

《馬太福音》第十三章十二節

文藝復興時期的博學家尼古拉．哥白尼（Nicolaus Copernicus）稱它「陰險」——陰險是因為它「隱匿潛伏」。凱因斯則是稱它出現時，「一百萬人中沒有一人會察覺。」它來無影，去無蹤，卻又常遭到誤解。

然而就和金錢一樣久遠，在歷史長河中，不論是意外還是其他情況，統治者遇上財政困難時，總會想法子操弄它：在古羅馬時代、在鄂圖曼帝國，在羅伯・穆加比（Robert Mugabe）治下的辛巴威。還有，儘管鮮少有人理解箇中奧妙，但它依然橫行在今天整個現代世界裡。

它就是通貨膨脹（簡稱「通膨」）。

通膨和債務一樣，並非官方稅賦，但是這並不表示它不存在。事實上，它還經常受到刻意散播，而其作用如出一轍：它從一個團體手中沒收財富，然後轉交給另一個團體——從領薪者與存款者手中轉給國家；從債權人轉給債務人，從僱員轉給僱主。經濟學家亨利・赫茲利特（Henry Hazlitt）表示，「它是一個尤其惡毒的稅賦。」傅利曼也有同感，他說：「它是一個隱藏的課稅，剛出現時可能毫無痛苦，甚至還有些愉悅……然而它是不須特別立法的課稅，它可是真正的無代表就課稅。」

現代世界迥異於過去，不只是因為高得驚人的稅收與債務，同時也在於通膨。根據為「全球金融資料庫」（Global Financial Database）編製資料的統計學家布萊安・泰勒（Bryan Taylor）博士所指出，二十世紀所出現的通膨與其情勢「要比歷史上任何一個時代與任何一個國家都要嚴重。」這樣的情況並且一直持續進入二十一世紀。傅利曼表示，政府如果無法償還債務，就會利用通膨，「或是買進資源來發動戰爭。」

通膨是一個意義往往遭到曲解的名詞。你可能常常在電視上看到有人爭辯我們現在是處於通膨還是通貨緊縮（簡稱「通縮」）的環境中；他們的討論往往沒有結果，因為他們講的是不同的東西。今天的通膨定義是「上漲的價格」，通縮是「下跌的價格」，但是指什麼東西的價格上漲與下跌？中央銀行在統計通膨時，大部分都會忽略房價與金融資產的價格，僅針對一般消費物價，這樣較易於顯示容易受到生產力提高的通縮壓力。

為了清楚說明，我要強調我使用的是通膨的傳統定義：貨幣供給與信用的擴張造成價格上漲。經濟學家可能會稱之為「貨幣供給的擴張」或是「人為刺激信貸」；歷史學家也許會稱之為「貨幣貶值」。不過無論你使用哪個定義，其過程皆相同。

隨著金融技術的演進，統治者藉以讓貨幣貶值的手段也有所增加，從而課徵「通膨稅」。羅馬皇帝會減少硬幣中黃金與白銀的成分——稱之為硬幣減價（coin clipping）。中世紀的國王也會這麼做。一九一四年的西歐政府則是更進一步，將硬幣中的黃金與白銀完全撤走，以資助其侵略行動。威瑪共和國、戰後的匈牙利與辛巴威則是單純地印製鈔票，沒有絲毫儲備支撐。今天的央行則是利用利率來控制通膨，也以量化寬鬆來刺激通膨。進行的方法或許改變了，意圖卻是從一而終。促使貨幣貶值與你的債務減值——從而減輕你的債務。不過與此同時，你也奪走了別人手中貨幣的價值。

十九世紀時，拜金本位制度所賜，通膨幾乎不存在。不論是在歐洲還是美國，物價實際上在第一次世界大戰前的一百年間是處於下跌狀態——在此期間，美國物價的跌幅達到四〇%。英國是唯一具有該期間完整消費物價資料的國家，而在十九世紀結束時，其物價較開始時跌了三〇%。這兩個國家在十九世紀都經歷過通膨與通縮，但為期都很短，並未形成趨勢。例如美國在內戰時曾出現通膨，接著是促成經濟重歸金本位的通縮。當時美利堅邦聯大量印製鈔票以支付戰爭費用，然而最後就和所有落敗方一樣，貨幣崩潰。

忽略掉債務的話，一個國家所能印製的鈔票數量，至少在某種程度上，與其國庫內存有的黃金或白銀的價值互相關連（儘管通常可以由此找到答案，但也會藉由其他方式）。因此，若要擴大貨幣供給的基礎，唯一的方法就是努力挖掘更多的貴金屬或是征服其他國家，將他們的貴金屬占為己有。而對於貨幣供給加以限制，會使得物價上漲十分緩慢（往往是依賴信貸規模的大小），而且大都是長期維持平穩或下跌。這麼做，有助於消費者與勞工階層的購買力實質大增。

不過自一九一四年起的一百年間，由於印製了太多的鈔票，許多貨幣的購買力都貶值了九五％以上，有不少甚至超過九九％。在英國，一九一四年的一枚一便士硬幣其購買力比現今的一英鎊還高。根據兩位教授卡門．萊因哈特（Carmen Reinhart）與肯尼斯．羅格夫（Kenneth Rogoff）的研究指出，一般而言，當今全球平均物價要比一百年前至少高了三十倍。

一九一〇年後，情勢驟變，主要是因為第一次世界大戰。英國、法國與德國紛紛在一九一四年拋棄他的金本位制度以便大量印製戰爭所需的鈔票。若非這些國家這麼做，一戰可能不會拖這麼久。因為沒有以貴金屬支付戰爭費用才讓戰事持續。這個想法不是很奇怪嗎？事實上，是貨幣貶值——或是通膨——使得這場戰爭成為可能。只有少數人了解貨幣貶值所造成的後果有多惡劣與深遠。在英國，我們才剛剛還清一戰的負債。然而，與戰時犧牲的生命相較下，這一切都不足為重。

英國在一九二五年恢復金本位制度，不過在一九三一年再度放棄。兩年後的一九三三年，經濟大蕭條達到巔峰。自此之後，英國的物價每年上升，唯一的例外是二〇〇九年。整體而言，自二〇〇九年起的這十年裡，英國的物價較一九三四年高出六十倍以上。

美元繼續與黃金掛鉤，其他貨幣則是在一九四五年的《布列敦森林協議》（*Bretton Woods Agreement*）下，開始緊盯美元。這樣的安排使得情勢多少獲得控制，直至一九七一年，美國最終放棄金本位制度。

至於實際的貨幣供給量，在二十世紀初是七十億美元左右。一九七一年時，美國的貨幣供給是四千八百億美元，今天是十五兆五千億美元，比一九七一年時高出三十倍以上，相較於一九〇〇年更是高出二千二百倍。沒錯，美國GDP自一九七一年以來確實成長了十六倍左右，人口也增加了六〇%（從二億七百萬人增至三億二千五百萬人），但是貨幣供給成長的速度遠超過這兩者。

一九七一年時，英國的貨幣供給是三百一十億英鎊，今天則是超過二兆八千億英鎊。相當於增加了九十倍（八九〇〇%）。與此同期，英國GDP成長了十七倍左右，人口由五千五百萬人增至六千五百萬人。貨幣供給的擴增超越了經濟與人口的成長速度。

英國通膨最陰險的表現形式是房價。從一二九〇年到一九三九年的六百四十九年間，英國房價上漲八八七%。這個數字聽起來很大，但是就一段長達六百五十年的時間來看，每年其實只上漲〇．四%，大約只是同期新開採的黃金數量。經過通膨調整，房價其實下跌四九%。不過自一九三九年以來，房價已上揚四一三六三%（平均每年八%）。造成此一通膨的原因就和其他各地一樣：貨幣供給成長。

許多人把高房價怪罪於新建房屋太少與人口成長。但是從一九九七年到二〇〇七年的這十年間，人口成長五%，房屋數量卻成長一〇%。如果房價只是單純地反映供需關係，其實在這段時間應該小幅下跌，然而，它卻是相反地上揚三倍。同期間抵押貸款則是成長三七〇%——兩者增幅相當。這是由於貨幣供給透過債務發行而大幅增加所致，進而拉抬房價上揚。此一作用的結果是造成財富發生巨大且顛覆性的轉移。

現在有一整個世代自詡為「租屋世代」，因為他們認為自己永遠買不起房子。這樣的情況很荒謬。因為要蓋一棟房子的成本並不高，而且英國有九五％以上的土地都沒有蓋房子。

我們可以明顯看到貨幣的購買力驟降，跌幅驚人。這只不過是多年來通膨的複合效應。此一進程其實十分緩慢，也因此幾乎不會被察覺。你的錢自一九一四年以來，每年都貶值三％到五％，甚至是在扣除利息之後。因此，扣掉利息，今年的一萬美元在第二年就變成九千六百美元，第三年更是降至九千二百一十六美元。五年之後，變成八千五百美元左右，七年後只剩下約七千八百美元。你的錢所能買的東西正逐年減少。

二十世紀最能維持購買力的貨幣是瑞士法郎。它是實施金本位制度最久的貨幣（至一九九九年）。

「你可能感覺不到，」德意志銀行的吉姆．瑞德（Jim Reid）指出，「不過相對於長期歷史，我們現在是處於通膨時代。」

儘管平均薪資也有所成長，但是幅度不如貨幣購買力的降幅。因此，你的錢每一年都在縮水，其間的差異被債務增加、工時延長、一反過去要維持中產階級生活品質只須一人工作的雙薪家庭，以及減少生育等所掩蓋。由此也形成一種情況，有許多人，尤其是中下階層，身處課稅與通膨的磨盤之下，不斷受到碾壓與延展，每一代都要比上一代貧窮。

中央銀行具有抑制通膨的職責，他們通常都會以提高利率來進行這項工作。但是他們用以顯示通膨的指標——零售物價指數（RPI）與消費者物價指數（CPI）——卻只統計一般日常用品的價格。他們罔顧其他經濟領域的價格，例如房地產價格與金融資產。這也意謂他們可以就此宣布現在是低通膨，進而採行低利率來刺激債務與創造通膨。

倘若二〇〇〇年代的利率確實反映了貨幣供給的成長情勢，利率水準就會比現在高出一倍，若果真如此，或許就不會發生房市泡沫化了。然而低利率的情況在二〇〇八年金融危機時更是變本加厲，利率都調降到接近零的水準，而且還祭出量化寬鬆的手段。由此也顯示出當局面臨金融危機時，對通膨的直覺反應。

現在有不少促使貨幣貶值，進而課徵通膨稅的手段。然而其終極目標幾乎都相同，就是侵蝕債務價值，尤其是政府債務，以及繼續資助政府支出。其結果是將這些錢財的價值——即人民的財富——轉移給國家。「透過通膨不斷發展的過程，」佛拉迪米爾・列寧（Vladimir Lenin）說道，「政府可以隱密且不為人知地沒收其人民財產的重要部分。」[1]

社會中的某些部門事實上會因通膨而獲利。如果你所擁有的資產，或是你所經營的業務獲利於新創造出來的貨幣，例如金融業，或是該業界人士最常居住的紐約與倫敦的房產，你可能會獲利豐富。但是如果你沒有這些資產——大部分的年輕人都沒有——你就會被拋在後面，財富差距也愈來愈大。通膨最嚴重的時候，通常也是政府支出最大手筆的時候，然而令人啼笑皆非的是，政府的支出大都是為幫助貧苦人家，但卻反而使他們變得更窮。凱因斯曾經指出，「沒有什麼方式會比貨幣貶值更細膩與更有效地顛覆現行的社會基礎。」

我們回頭再想想尚—巴普蒂斯特・科爾伯特的那句話：「課稅的藝術，是盡力拔最多的鵝毛，但讓牠們發出最小的聲音。」隱密、無形，又曖昧不明，通膨稅就像是無聲拔鵝毛。這豈不是哥白尼所指稱的陰險——隱形稅之最。

第十五章 工作的未來

取代你職位的機器人應該繳稅。

比爾．蓋茲（二〇一七）

直到目前為止，我們一直都在回顧過去，為稅賦對歷史與現代生活的影響驚嘆不已。不過我們在之後的幾章中，將把焦點移轉至未來，這是一個問題多多的主題。

我們現在正處於經濟大變革的時期，課稅的方式也將隨之改變。這同時代表著我們治理的方式也要改變。我們就來看看會有哪些改變，先從工作談起。

如我們所見，所得稅是政府「最大的收入來源」，然而，就在政府無論是為其支出計畫或是償還債務等因素下，對於擴大稅收的需求愈形急迫之際，現行形式的所得稅卻是愈來愈難課徵。僱主與僱員之間的關係已然改變。傳統就業模式正在消退之中，「零工經濟」（gig economy）正開始走紅。

零工經濟工作者——短期合約工作者或是自由工作者——人數有多少，各方說法不一。美國勞工統計局指出，國內有一〇%的勞動力是臨時工。其他研究則顯示數字要高得多。根據零工經濟數據中心（Gig Economy Data Hub）的調查，美國勞工中有二七%「從事獨立性工作」。麥肯錫（McKinsey）的調查結果與之相符。美國聯準會則認為是三一%；自由工作者聯盟（Freelancers Union）說是三六%。領英公司（LinkedIn）最近的調查則指出到了二〇二〇年時，有四三%的勞動力都屬於臨時工。統計數字迥異，主要是基於對零工經濟的定義互有不同所致。如果將非法與沒有登記的勞工也計入其中（這些人的數目可能更難以統計），數字會更加含糊不清。安永公司（Ernst & Young）針對美國臨時工的研究也許最能反映這樣的情況。該研究預測，二〇二〇年時，在美國每五位工作者中，就有一位會是臨時工作者；其中包括兼職工作者，以及四〇%到五〇%的勞動力，都將是非永久就業型態。不論你看到的是哪一個數字，有一件事可以很確定：零工經濟正在成長，而且成長快速——根據哈佛大學的一項研究顯示，到二〇一五年的十年間，這一數字成長了六六％，而且毫無疑問地還會成長更多。

這是一個全球性的現象。自二〇〇〇年以來，在英國為自己工作的人數成長了五〇％，同期間僱員的成長只有六％。倫敦是英國最現代化的城市——它的趨勢是英國其他地方的指標——而其零工經濟自二〇一〇年以來，已成長七三％。二〇一七年時，英國有一五％以上的勞動力都是自我僱用，若是把兼職工作者也包含在內，數字將會更高。在歐洲、澳洲與亞洲，零工經濟的成長速度大都類似。

有些人批評零工經濟是在剝削工作者，沒有提供他們應有的就業保護。不過另一些人卻喜歡零工經濟。一般來說，多項調查顯示自我僱用者的滿意程度高於僱員。領英的調查顯示六七％的自由工作者，對他們的工作感到滿意或是高度滿意，而且大部分的零工工作者都想繼續他們的工作並發展事業。許多工作者喜歡零工經濟是因為他們擁有同時接下多項小案子的彈性。不過，零工經濟是好是壞與本書無關，重點在於它已然形成一股趨勢。不論是因為沒有其他選擇，或是單純地喜歡這樣的生活形式，還是兩者兼具，愈來愈多的工作者開始擁抱零工經濟。根據領英的調查，有八一％

的自由工作者都表示會繼續留在零工經濟。安永則指出，到了二〇三〇年美國會有五〇%的全職工作者是屬於臨時工作者的性質。我們預期全球都會出現這樣的數字。

僱主也喜歡零工經濟。由於不必受制於長期合約，因此彈性也較大。零工工作者可以大幅減少成本（大部分是透過課稅的形式）與其他的僱用成本。這些好處可以轉嫁給消費者，而消費者因為可以用較低價格取得所需的緣故，也會喜歡零工經濟。優步（Uber）擁抱（或者是利用，看你怎麼想）零工經濟，我們才有較便宜的計程車可坐，而且可以享受到較高品質的服務。亞馬遜也是一樣，我們才可以享受到較便宜的商品，而且是直接送到家門口。價格降低與服務品質提高，是促使企業開始相信零工經濟會比傳統模式成功，並予以支持的主因。

一九九〇年時，矽谷的三大企業市值總合是三百六十億美元，員工人數超過百萬。今天，矽谷的三大企業——臉書（全職員工二萬五千一百零五人）、谷歌（八萬八千人）與蘋果（十二萬三千人）——所僱用人數是一九九〇年三大企業的二五%左右，然而他們的市值總合，在我下筆之際已達二兆二千億美元，高出逾六十倍。優步是全球最大的計程車公司，只有一萬六千名僱員。愛彼迎（Airbnb）是全球最大的住宿服務公司，僱員只有九千零五十三人。再看看舊世界的傳統僱主，沃爾瑪（Walmart）員工總數超過二百三十萬人，美國國防部超過三百萬人，福斯（Volkswagen）則超過六十萬人。

傳統、易於課稅的僱主—僱員關係正在衰退中。這樣的情況意義何在，首先，政府會因此損失就業稅與薪資稅。接著，政府將難以課徵所得稅。現在並沒有一套稅制能夠對臨時工作者就源扣繳所得稅。不論是偶發還是故意，違反稅法的情況正在加劇。國稅局已經把每年四千五百億美元稅收缺口中的四四%，歸咎於個人業務所得違反稅法行為上。根據美國一項調查顯示，接受調查的自由工作者中。有六九%表示，在稅務方面，他們並沒有得到他們所共事的「分享經濟平台」的任何協助；有三六%不知道要保存什麼相關資料；有三四%根本不知道他們每季必須申報所得。

「欠缺保障的工作大量增加，不但對工作者不利，公共財政也被砸出一個大洞，」英國工會代表大會（UK Trade Union Congress，TUC）祕書長法蘭西絲．奧格雷迪（Frances O'Grady）說道。「零時契約與低薪的自主工作者每年都造成經濟上數以十億計的稅收損失。這些錢原本可以用在防止學校與醫院的危機，以及提供每位年長者優質照護。」

她所言不虛，至少有部分是正確的。不過，並非經濟上損失數以十億計的稅收，而是政府。零工經濟其實可以為經濟省下數以十億計的經費，幫助企業為市場提供更為價廉物美的產品。零工經濟之所以不斷成長，正是因為它繞過了政府的成本。

英國首相德雷莎．梅伊（Theresa May，已於二〇一九年六月辭職下台）曾聘請策略專家馬休．泰勒（Matthew Taylor）調查現代就業模式，泰勒研究後表示，自主就業工作者一般的年繳稅賦，要比做相同工作的僱員短少二千英鎊。英國個人平均年薪是二萬七千五百英鎊，必須繳納五千三百英鎊的所得稅與國家保險。由此來看，對財政大臣而言，這樣的損失可不小。此外，來自僱主方面的稅收可能也會減少。愈來愈多的人在家裡工作，意謂上班場所空間減少，這將導致來自業務費率的稅收減少。

簡單來說，零工經濟的興起造成了政府稅收減少。

政府的回應是對自主就業工作者提高稅賦，與對僱用他們的人重新設立規定。英國目前已將自由工作者的稅率提高，並且更改了自主就業工作者的應付增值稅率。與此同時，諸如優步與愛瑪仕快遞（Hermes）之類的僱主也被迫走進法庭，面對那些試圖重新定義全職工作與零工經濟的人所施予的壓力。

我懷疑稅務當局最終能夠找到一套方法，自提供工作的平台就源扣繳推定所得，然後由個人工作者提供工作成本，再退回其中的差額——類似於美國現行的預扣代繳。這樣的方式是讓「共享經濟提供者」來承擔課稅的責任，可想而知，他們一定會多方反抗。如果這套方法在一個國家行得通，其他國家一定也會效法。不過，這可不是一項簡單的工作，而且大部分的零工經濟都不是經由大型平台。也許以後會建立一套自動系統，根據支付行為的時間點進行預扣推定課稅，然而這也不是一項簡單的工作，而且也將引發侵犯個人自由的爭議。

即使能夠實施這些措施（無法保證一定能夠實施），相較於對傳統僱主就源扣繳所得稅的方式，情況勢必更加混亂。各國政府不得不把目光投向其他較易於課稅的領域。

數位遊牧民族是新無住所居民

有哪位騎士曾經納過稅、受女王課徵、上貢、繳交關稅或通行費的？

米格爾・德・塞凡提斯（Miguel de Cervantes），《唐吉訶德》（*Don Quixote*）（一八三三）

他們也許是網頁設計師或開發商、平面設計師、程式設計師、交易商、博客主、內容創作者、老師、譯者，或是顧問。根據英國廣播公司的說法，他們是「無固定住所的新一代菁英」，是日益壯大的數位遊牧民族主權個體成員。根據創業家，同時本身也是數位遊牧民族的彼特・里維斯（Pieter Levels）指出，到了二〇三五年，數位遊牧民族人數將達十億人。十億人聽來高得嚇人，不過若是按照里維斯的邏輯，這個數字其實還算保守。這是由於幾個因素使然。

首先，現在的年輕人愈來愈難在家鄉找到具有前景的工作。其次，已開發世界的房價高得離譜，使得許多人，尤其是在一九八五年後出生的人買不起住房。他們的稅後所得與他們能夠購買的房屋價格間差距之大，讓許多人甚至不想或根本不去嘗試買房子這件事。他們轉以租屋取代。已開發國家的住屋擁有率正持續下降。但是，一位到南美或南亞生活的歐洲數位遊牧民族人士，只要花他現在一半的薪水，就可以享受到比在自己國家舒適兩倍的生活形態。一邊是成為債務奴隸，住在不算舒適的房子中，一邊則是令人興奮的旅外生活，許多人都會選擇後者。

價值觀也在改變。現在已來到輕資產世代的時代，他們重視經驗更甚物質的享受。「租屋世代」會租一輛勞斯萊斯，不會自己買一輛。「大部分擁有房屋的人都是有錢人或老人，」里維斯輕蔑地表示。「我們不要房子，我們不要這些麻煩。」物品並不是資產，而是負擔。他們要財富，但是不想受困於財產。他們不是在現實世界的經濟中工作，他們是在數位經濟中工作，這裡的機會遠大於前者。你可以隨處從事數位經濟工作。數位遊牧民族只需要一個背包就可以環遊世界。

現在不只是住屋擁有率下降，結婚率也在下降——從一九六〇年代的七〇%降到一九九〇年代的百分之六十多，再降到今天的五〇%左右。不論是工作、住屋，還是家庭，都已不再是年輕世代所重視的，或是成為讓他們待在一個地方的羈絆。

房價也許高得離譜，但是旅行的成本卻是持續大幅下降。國際航空旅行的成本現在是一九四〇年代的二十分之一，是一九八〇年代的四分之一。儘管飛機燃料價格已比一九九八年高出近十倍，航空旅行成本仍然便宜了五〇%。航空旅行不僅成本愈來愈低廉，品質也愈來愈好。我們很快就能在四到五小時內由歐洲飛到遠東。

全球網際網路的速度也在改善之中，而且成本持續下降。我們很快就會擁有５Ｇ或６Ｇ。愈來愈多的人可以在遠端進行遠距工作。根據瑞士辦公室供應商ＩＷＧ最近的一項調查顯示，目前全球有七〇%的人每週至少有一次是遠距工作或遠距通勤。（該調查乃針對全職工作者，不是自主僱用者）調查也顯示有七〇%以上的人是在過去四年間才開始遠距工作。有八〇%以上的人都表示喜歡遠距工作，（有些調查結果更是高達九〇%）而且想要盡可能繼續這種模式的工作。有趣的是，有九四%左右的遠距工作者都會建議其他人也這麼做。這已直接刺激了零工經濟的成長。「他們先是在家裡工作，」里維斯說道。「然後他們開始感到枯燥或是孤單，於是他們到咖啡館，接著就開始旅行。」

布魯金斯研究所（Brookings Institution）的一項調查顯示，目前全球有一半以上的人口皆屬於中產階級或有錢階級。就像二、三十歲的歐洲或北美年輕人會前往亞洲、非洲或南美；亞洲、非洲與南美的年輕人則是朝著相反的方向移動，他們的動機都是來自旅行中，各種新鮮刺激的可能性。數位遊牧民族的興起已是一種不斷擴增的全球性現象。

作家提姆．費理斯（Tim Ferris）的自助性質著作《一週工作四小時：擺脫朝九晚五的窮忙生活，晉身新富族》（*The 4-Hour Work Week: Escape the 9-5, Live Anywhere and Join the New Rich*）高居《紐約時報》暢銷書排行榜長達四年以上，被譯成三十五種語言，全球銷售量達一百五十萬本。這些數字讓你見識到這樣的生活形式多麼受到人們的嚮往。現在數位遊牧民族已有完整的社交網站、數以百萬計的訂戶、群眾外包（眾包）資料庫，以及何時何處才是最佳去處的比較網站。此一趨勢只會愈演愈烈。

里維斯表示，全球人口預計在二〇三五年達到九十億，其中勞動人口約是六十億左右，而在這六十億人中，有半數會是自由工作者。三位自由工作者中就會有一位是數位遊牧民族。里維斯據此預測到了二〇三五年，數位遊牧民族會達十億人。

這個族群怎麼可能不成長？數位遊牧民族的生活都不錯，比身為一個薪資、稅賦與抵押貸款的奴隸要好得多。這也正是我小時候夢想長大後要過的生活。誰不想看看這個世界？

數位經濟本身也在成長中，而且速度遠超過實體經濟。因而也為數位遊牧民族創造了其他地方所沒有的機會。人們追隨機會，他們一向如此。數位經濟始於一九八〇與九〇年，但是網際網路才是啟動這一切的真正主因。數位公司的總數值使得他們的對手相形見絀。沃爾瑪的營收或許比較高，但是亞馬遜的市值卻在它之上。大部分已開發經濟體目前在無形資產的投資上——設計、品牌與軟體——都要超過對如機械與建築等有形資產的投資。既看不見也摸不著的資產已成未來財富所在。數位經濟是行動所在，也是數位遊牧民族找到工作的地方。

零工經濟能夠提供更具彈性與低成本的生活，數位遊牧民族也是如此：沒有房貸、沒有固定辦公場所，且相較於待在已開發世界，日常生活支出較為低廉。此外，你一生中最大的一筆支出也免除了：國家的開銷。數位遊牧民族不必繳納市政稅、薪資稅與國民保險。他們所負擔的增值稅也可能會較低，視他們住哪裡而定。他們該繳多少所得稅？繳給誰？

稅法是在新經濟出現前編定的。技術上，你是將稅繳給你居住的國家。要成為當地的居民，你必須一年內在當地逗留超過一百八十三天。許多數位遊牧民族根本不可能待這麼久，在那之前他們早就離開了。

有些人會因為是國家公民而繳稅給該國。住在海外的美國公民有義務向國內申報所得稅（此一稅法可回溯至林肯，他當時為保護聯邦稅收而做此規定）。不過大部分的國家都沒有這條稅法。一位英國國民，不住在英國，而住在泰國，接下以色列一家公司委託的工作；他在巴西完成此一工作，在墨西哥收到完工款項。由上述可知，納稅義務的認定並非黑白分明，支出也是一樣。

面對數位遊牧民族，所得稅可能是最大的問題所在：如何繳納、繳多少，該繳給誰。有些人是繳給他們的出生國。不過也有人認為手續太繁瑣而不願繳納。有些人故意逃稅，並想法子鑽法律漏洞。數位遊牧民族通常對他們高房價與缺乏機會的出生國責任感偏低。他們不住在那兒，也無意回來長住。他不使用自己國家的社會服務。他在那兒沒有孩子、沒有房貸、沒有房子、沒有投資，也沒有財產。他為什麼要繳稅？

稅賦加重的一個意想不到的結果，可能是導致愈來愈多的人成為數位遊牧民族。在最近一次大選之前，我偶然發現來自某位 @paulypilot 的一則推文：「我在家裡利用網際網路工作，我樂於繳稅給英國，只要是公平。如果他們增稅，我就離開，他們什麼也拿不到。」

他收到一大堆表示贊同的回覆——「我深有同感」之類的——他接著列出幾種「離開」的方法。「我不需要實際離開英國，我只要確保我的應稅所得離開英國，」他表示。或者，「我可以在英國、丹麥、挪威與法國各待上幾個月，然後到遠東過冬。」數位遊牧民族不繳稅的規模相當可觀。但是要讓一個不在那裡，經常移動的人申報與繳納所得稅，困難重重。

在海外四處旅居曾經是超級富豪專屬，他們住在巴拿馬、摩納哥或是瑞士，藉以減輕他們的稅賦。不過在科技，尤其是金融科技的革命下，意謂現在一般人也可能有這樣的能力。

事實上，城市之間可能已展開吸引數位遊牧民族的競爭。中國有一座城市，天府(編按：作者指的是天府新區，是由中華人民共和國四川省成都市主導，涵蓋成都與眉山兩市部分區域的經濟新區)——面積六百零九英里——就是為吸引行動數位菁英所開闢的。里維斯指出，紐約、倫敦與東京等國際大都市間的共同點，遠比倫敦與伯明罕，或是紐約與費城來得多。他預想未來各城市會各自制定特別針對數位遊牧民族的稅法與優惠來吸引這一批新生的流動勞動力。假使果真如此，國際都市就會開始脫離與其祖國間的關係。

隨著年紀增長，數位遊牧民族也會成家立業，安頓下來，開始思考與經營生活。但也不是那麼絕對。數位遊牧民族的孩子數可能會比較少，而且大都晚生。里維斯表示，即便他們組織家庭，有許多人仍會保留他們遊牧的生活方式。他們依然自力更生，網際網路與自學教育成為學習的主要來源。然而這型態本身也為稅制的另一面造成一堆問題：政府服務的未來角色為何？如果他們安頓下來，要在哪裡？是在稅賦較高，生活成本較貴的地方嗎？還是低稅賦的地方？

機器人會搶走我們的工作嗎？

世界經濟論壇（World Economic Forum）創設人兼主席克勞斯．史瓦布（Klaus Schwab）表示，現在是第四次工業革命。沒有人能夠確切說明其影響何在，不過鑑於機器人與人工智能不斷接替之前由勞工所做的工作，尤其是藍領與白領勞工（儘管此一定義已經落伍），有一件事是肯定的：易於課稅的傳統就業型態將會益發混亂。

不論是人工智能、機器學習、更快與更強大的超級電腦、機器人或演算法、3D列印、生化科技，還是區塊鏈，科技不斷地在強化與整合中。有些人認為數以百萬計的人將失去工作，而且找不到其他人取代。他們將面臨沮喪頹廢的失業生活。不過也有人認為機器能夠促進生產力與增加財富，創造出美好的就業前景。一如工業革命使得機器能夠承擔低階勞工、農民、契約僕人與奴隸的粗活，科技也為今天的經濟帶來同樣的改善。未來會有更多的工作，更少的工作，或僅僅是不同的工作？

牛津大學二〇一三年的一項調查顯示，「美國有四七%的就業機會面臨風險。」英格蘭銀行在二〇一五年也宣稱「英國有一半的工作」以及美國的八千萬個工作，會被「智慧型機器」取代。不過到了二〇一七年，麥肯錫所用的字眼就較為緩和，表示估計美國有五一%的活動「容易受到自動化的影響」，相當於二兆七千億美元的工資。麥肯錫估計有八億個工作——大約全球三〇%的工作——會被「取代」，其中約一四%的人可能必須轉換「職業類別」。

這方面的預測有一個問題，即使有數據佐證，它仍然涉及對尚未發明的東西做預測。如果我們檢視最近一波科技創新為就業帶來的影響——網際網路——我們會看到許多工作消失，然而同時也創造了新的工作，即使數量沒有增加，也和消失的相當。但是大部分的工作都改變了。有些工作是我們二十年前根本不需要做的，還有一些工作是我們以後不須再做的。

在喬弗里．喬叟（Geoffrey Chaucer）一三九〇年的著作《坎特伯里故事集》（*Canterbury Tales*）中，我們讀到有關二十四位朝聖者的故事，他們從倫敦出發旅行到坎特伯里大教堂的聖托馬斯．貝克特（St Thomas Becket）聖地。這些人當中，有一名騎士、一名小販、一位辦事員、五位商旅、一位執法軍曹、一位磨坊主人、一名廚師、一位船員、一位醫生、一位地方法官與其他一些人。在經過六百年後，不論其間經歷了多少進步，這些職業依然存在，儘管可能是以不同的形式展現。當然，工作的性質可能已經改變，但是角色依然存在。毫無疑問，在這樣的轉變中，自然會產生混亂與動盪，工業革命儘管最終創造出更多的工作，但同時也大量取代了農業勞動力。

舉例來說，隨著自動駕駛運輸工具逐漸進入主流，我們可以預見駕駛——不論是計程車司機、大巴司機、卡車司機，甚至是航空機師——未來幾年內就會面臨需求減少的情況。運輸工業正在改變之中。儘管變革已經進行了一段時間，但自動駕駛系統實際上線可能會在一夕之間發生——主要的障礙在於法規。然而其所造成的衝擊將很可觀。美國勞工中大約有三%——逾四百四十萬人——所從事的都是某種形式的駕駛工作。

其他部門也面臨相同的衝擊。餐廳用平板電腦取代服務員介紹菜單、推薦佳餚。我最近還在東京被一個機器人調酒師服務。商店以自我結帳系統取代收銀員。現在更有些商店可以讓你自貨架上取走你要的商品，在你走出店門的同時自你的帳戶中自動扣款。美國軍方是全球最大的僱主，從士兵、駕駛、偵察員到炸彈處理專家，你都可以看到機器人將人員取代。倉儲與製造業面臨的衝擊最大。現今，一部汽車有八〇%的製造工作都已是由機器人來完成。保健、資料輸入、律師助理工作、報稅、會計、銀行、基金經理，以及金融交易，現在都可以由機器人來完成，而且做得還更好。人工智能在翻譯、面部識別、模仿語音、駕駛、寫作、金融產品交易與癌症診斷等方面的表現，如今都已超越人類。

機器人鮮少犯錯。機器的智慧在於可自它們所做的事物中學習，也能自其他人的錯誤中學習。它們可以長時間工作，不需要退休金、假期與保險。它們不會請病假，也不會蹺班。它們不會有家庭糾紛或是心理健康問題，以及其他各種人類會有的過失。由此不難看出為什麼機器人愈來愈受重用。

不過新工作也會出現。這些工作難以一一列舉，因為我們目前根本不知道會是什麼。我們也不知道會出現在哪裡——如果所有的新工作都出現在奧克拉荷馬州，對新堡的人來說並沒有多大的好處。

與此同時，許多工作的性質與其所承擔的職責都將出現改變。未來仍會有士兵，不過真正赴前線作戰的士兵可能會減少。仍然會有會計師，不過資料輸入與處理的工作則是由機器來完成。未來會有愈來愈多的人與物品需要運輸，但是駕駛的工作卻會減少。隨著零工經濟的興起，許多人可能會同時接受多件小規模的工作，而不是一個全職的職務。

二〇一六年時，普華永道（PricewaterhouseCoopers，PWC）就和英格蘭銀行一樣，對勞工前景頗為悲觀。普華永道指出，人工智能將使三〇%的英國勞工被自動化所取代。不過到了二〇一八年，該公司的立場有所軟化，即使有二〇%的工作會受到影響，但同時也會創造出相同數量的新工作。對英國就業的整體影響會是「廣泛中性的」。

設法保護勞工免於受到自動化威脅的措施並非答案所在。最近幾年，它們的效果都是適得其反。不斷要求增加勞工權益反而導致使用機器取代人力的情勢加劇。

比爾．蓋茲等人曾呼籲對機器人課稅來彌補損失的所得稅。這聽來是一個好主意，但是在執行上有其困難。機器人的定義並不明確。是可見的機器運作嗎？還是演算分析數據？機器在哪裡？IP地址又在哪裡？你如何對一個無生命的物體課稅？你如何計算應付稅款？用時間計算，還是用生產力？工作的本質已經改變，你不能根據人們過去所賺的來計算稅款——你怎麼根據馬車伕的收入來對一輛汽車徵稅？

假設能夠計算出名義上要對機器人課徵的稅額（這部分本身就是一個地雷區），擁有機器人的公司就應繳納相對應的稅款，但是，除非是在一個全球共同的基準上才能執行，否則，公司只要把機器人遷往機器人稅較低的地方就行了。要對機器人課稅，所需要的不僅是政治意願，我們甚至不清楚還需要什麼。再者，針對資本財，而不是勞動力課稅，也可能會引發龐大的企業遊說壓力。

話雖如此，但針對國內機器人課稅的情形遲早會到來。例如對自動駕駛車輛（這也算機器人嗎？）課稅，幾乎是不可避免的。它們無法移往他處，儘管可以移IP地址。它們太明顯了，根本無法忽略。我預期最有可能的是對自動駕駛車輛課以某種形式的里程稅——城市的里程稅較高，尤其是都市中心。里程數可以即時追蹤，應付稅款則可以自動扣繳。這樣的工作甚至可交由地方政府來執行。

在此一巨大的經濟衝擊中，只有少數事情能夠確定，其中之一就是政府最大的稅收來源所得稅，勢必會受到影響。

第十六章

加密貨幣（虛擬貨幣）：稅務員的惡夢

二〇一八年冬天，我與羅傑．弗爾共進晚餐，他可能是比特幣最著名的早期發起人。他對此一新科技的熱情推廣為他贏得了「比特幣耶穌」（Bitcoin Jesus）的稱號，而他在此一領域精明的投資則使他無數次地成為百萬富豪。他現在是 bitcoin.com 的執行長。我當時試著告訴羅傑，「數位遊牧民族」的勞動力潛力驚人，並將嚴重影響政府稅收，不過他早就已經知道了。

「你不必告訴我這些，我每天都看得到。」他說道。「我就是提供他們工作的人之一。」

「有多少人為 bitcoin.com 工作？」我問道。

「可能一百三十、一百四十個，」他說道。「他們都是某種形式的數位遊牧民族。

大部分的時間我都不知道他們在哪裡。可能是里斯本、清邁，而在下週又跑到麥德林。」

「他們都是哪裡人？」

「噢，老天，來自世界各地。我有美國人為我工作，也有歐洲人與亞洲人——中國人、韓國人、日本人、印度人、印尼人——南非人。少說也有二十個國家。」

「你怎麼付他們錢？」我問道。

「比特幣現金，」他直截了當地回答（比特幣現金是比特幣的分支，用來加速支付的速度）。「就執行而言，要以他們國家的貨幣支付，太貴也太麻煩了。他們提供的是無國界的數位服務，因此我們也付給他們無國界的數位貨幣。這是唯一行得通的法子。再說，他們也想要我付比特幣現金。這是他們為我工作的原因。」

加密貨幣是出了名的波動劇烈。「匯兌風險怎麼辦？」我問道。

「他們並不介意。他們可以在一拿到之後就轉換成他們國家的貨幣，不過就我所知，他們都不會這麼做。他們相信比特幣現金，他們想要盡可能地擁有。」

「稅金怎麼辦？」

「噢，老天，為各個不同國籍的人處理稅務，僱用專家，有的是兼職的，有的又是全職的，所有的花費——我連想都不敢想。他們是遊牧民族，沒有人是朝九晚五。他們有自己的時間表，他們會處理自己的稅務。」

「你認為他們會繳稅嗎？」

「你不必問他們這個。這是他們的責任——在他們與他們的政府之間。我認為有些會繳稅，有些不會，因為他們長年不在家，而且也無意回家；他們不喜歡他們國家的現狀；他們並不支持他們的政府；他們覺得他們政府的所作所為不對——因此他們可能拒絕繳稅。還有一些人，你知道，他們想要守法，但是現在的稅法根本不適合他們。他們的身分不明確，官僚作業又太複雜，乾脆就算了。」

這批快速增長的勞動力不僅在工作上超越國界，他們所使用的貨幣也超越國界——傳統金融之外的非政府貨幣。這將使得交易更加難以追蹤、控制與課稅。

還記得里維斯預測二〇三五年會有十億位的數位遊牧民族嗎？「在我所認識的所有數位遊牧民族中，」里維斯表示。「至少有一半是在加密經濟中工作。」如果當前此一趨勢持續下去，到了二〇三五年，就有高達五億的人是在政府貨幣體系之外工作。

這樣的說法或許聽來可笑，不過了解最新情勢的加密貨幣擁護者會告訴你，此一數字可能還會更高。

加密貨幣行動主義

在政府稅收所面臨的新興威脅中，加密貨幣科技可能是最嚴重的。

二十世紀的大政府模式之所以能夠運作，主要就是靠法定貨幣。控制貨幣使得政府擁有強大的力量。如果一個政府覺得需要用錢——不論是為了打仗，還是其他特別的目的，例如最近幾年為金融業提供紓困——它只須增加貨幣的發行量即可。然而非政府體系的貨幣破壞了此一效能。政府無法讓不在他們掌控範圍內的貨幣貶值——因此也不會有通膨稅。連稅源扣繳、增值稅、銷售或交易稅都難以課徵與監控，更別說申報了。隨著愈來愈多的人使用替代性貨幣，尤其是在線上與國外使用，要課稅是難上加難。

許多人不了解、或是不想了解比特幣或加密貨幣——包括著名的經濟學家（保羅・克魯曼（Paul Krugman）、魯埃爾・盧比尼（Nouriel Roubini））與銀行家（傑米・戴蒙

（Jamie Dimon）〕——對它們嗤之以鼻。他們可能因此錯過了也許是自網際網路問世以來最強大的科技突破性發展，而聽從他們的人也可能因此錯過了有生之年最大的賺錢機會。自二〇〇九年十月開始記錄匯價以來，到二〇一七年十二月的高點，比特幣已自〇．〇〇一三〇九美元升至二萬美元左右，上漲逾一千五百萬倍，期間至少經歷五次八〇%的修正。如果比特幣會遭到淘汰，早在幾年前就消失不見了。然而它現在卻已成長為將近一兆美元的產業，而其所創造的可能性，也許是自一九九〇年代網際網路問世以來最大。

貨幣體系與科技的進化往往是前後相隨。古美索不達米亞時代的泥土被烤成泥板，記錄債務，之後又在上面刻上圖案——成為人類的第一套文字系統。用金屬鑄造的錢幣可以確保其中金屬的重量，取代了貝殼、鯨魚牙齒，以及其他各種原始形態的貨幣。印刷術則是讓大眾開始使用紙鈔，進而取代了貴金屬。電子銀行讓支票成為支付工具，某些國家的支付效率因此相對較高（美國在這一方面是相對較慢的國家）。非接觸式付款現在則是以相同的方式來取代現金，使得現金支付愈來愈不方便。在市場上，便利性才是贏家。貨幣其實就是科技。比特幣與其各種分支都在持續進化中，其目的就是要成為網際網路上的現金。現實中，不太可能出現大批群眾每週在大賣場使用比特幣做例行採買，不過加密貨幣在線上交易中的使用將會持續成長。

許多加密貨幣都是有特定的目的。有的是需要匿名使用〔門羅幣（monero）、Grin〕；有的是強調交易速度〔萊特幣（litecon）、達世幣（dash）〕；有的是為支付小費或小額款項〔恆星幣（stellar）、狗狗幣（dogecoin）〕，還有一些是具有應用程式的〔以太幣（ethereum）、艾達幣（cardano，ADA）、EOS〕等等。現今已有超過三千種替代幣問世，使得法定貨幣看來有些落伍了。

可以預見在不久的將來，電腦與手機內具有多個錢包會成常態，形同你有各種不同的應用程式一樣，每個錢包都有一個特定用途的加密貨幣——用來打賞你喜歡的博客貼文、圖像或影片；買賣股票、貴金屬與債券，或是購買黑市商品。政府該如何在避免大量侵犯隱私的情況下，追蹤這些交易與進行課稅？效率又會有多高？

非政府加密貨幣的各種顛覆性潛能皆具有它的針對性。此一科技誕生於密碼龐克之手，這是一個在一九九〇年代興起的碼農（coders）異議團體。他們之所以結合在一起，是因為對當時的新科技網際網路共同感到擔心。他們在看到網際網路潛能的同時，也發覺企業與政府得以侵犯隱私的威脅。他們深以為憂，而之後所發生的一些事情，更讓他們確認了他們的憂慮不是沒有道理。他們的解決之道是發展開放原始碼技術，尤其是密碼學，以保護隱私。

密碼龐克的政治意識形態即使不算無政府主義，也是深度的自由主義。他們不相信政府。該團體的創辦人是一位加州電腦工程師，名叫提姆・梅（Tim May）。他在一九八八年發表《加密無政府主義宣言》（*Cryptographic Anarchist Manifesto*）。他寫道，密碼學的發展「將完全改變政府法規的本質、課稅與經濟互動的控制、資訊機密的防護，甚至改變信任與信譽的本質。」

他繼續寫道：「如同過去的印刷術改變與削弱了中世紀同業公會的權力與社會權力結構，密碼學的科技基本上也改變了企業與政府干預經濟活動的本質。結合新興的資訊市場，加密無政府主義可以創造一個供任何能夠以文字或圖像顯示的材料進行交易的流動性市場。」

要實現密碼龐克的夢想，關鍵在於一套匿名的網際網路現金系統——也就是說，不論金額大小，都能在網際網路上直接由 A 傳到 B，無須經過中間人（通常是銀行）

處理的交易系統。但是儘管提姆．梅與其他密碼龐克說得頭頭是道，仍有技術問題需要克服。就是所謂的雙重支付，同時還有一個主要的問題，如何防範他人複製與剪貼你不論是以文字、圖像與影片所表現的數位錢幣。此一問題二十多年來一直無法獲得解決，許多電腦工程師認為除非有一套處理交易的中央機制，否則根本解決不了。許多密碼龐克最終放棄了他們的無政府夢想。隨著中本聰（Satoshi Nakamoto）與他的發明比特幣登場，其他的就都成了歷史。

加密科技現在已可允許人們避開大企業與政府的耳目進行聯絡、瀏覽與交易。結果，資訊與人們變得愈來愈難以控制與課稅。要加密某件東西十分容易，但要解密就困難多了。「就像雞蛋一樣，」科技作家傑米．巴特利特（Jamie Bartlett）表示。「把蛋打破十分容易，把蛋放回蛋殼恢復原狀就難了。」「全世界都相信加密科技。」另一位密碼龐克朱利安．亞桑傑（Julian Assange）表示。這對政府當局是一項直接挑戰，政府可以用此科技作惡或是為善，全在一念之間。更重要的是，這也直接挑戰國家壟斷貨幣與課稅的能力。

密碼龐克的世界觀隨著科技的發展向外擴散。整個密碼學社群都不相信政府。他們認為政府的統治是錯的，不願意遵守這樣的遊戲規則。如今，在左翼專制的世界觀已站穩腳步的同時（美國千禧世代有一半以上如今都對社會主義持正面看法），也興起一股擁抱自由主義體系的熱情。此一體系的意識形態核心在於加密。《人類大歷史》（*Sapiens*）的作者，人類學家尤瓦爾・諾瓦・哈拉瑞（Yuval Noah Harari）曾經指出，千萬不要低估人類進化的規律。儘管已超出本書的範圍，我的觀點是，正如宗教教義為過去許多世紀提供了指導性原則，世俗社會主義與社會民主思維主導了上世紀的意識形態，而自由主義將會是下一個世紀裡，主導我們思維的意識形態。

PayPal創辦人彼得・泰爾（Peter Thiel）在其二〇〇九年的文章〈一位自由主義者的教育〉（The Education of a Libertarian）中，提出資本主義與民主思想無法相容的論點。資本主義「並不受到大眾歡迎，」他寫道。社會大眾要求資本家能夠在分配與法規上做出更大的讓步。他強調已無法透過政治運動來達成政治改革，並表示「我在如何達到這些目標的問題上已完全改變想法。」取而代之的是，他說，現在要達成政治改革的方法是透過科技的發展。「擺脫之道必須涉及一套迄今尚未被嘗試過的途徑，從而使我們進入一個未曾被發現的新國境。因為如此，我專注於發展新科技，這或許能為我們創造出一個自由的新空間。」泰爾指的「新國境」是網絡空間、外太空或是海洋。

泰爾的文章有部分是出自於沮喪的心情，以及對二〇〇八年全球金融危機時當權派的做法的憤怒——對銀行紓困與調降利率等等。他並不是唯一感到憤怒與想推動改變的人；比特幣的創設人中本聰也是基於同樣的動機。就在泰爾的文章發表的幾個月前，中本聰宣告了他的發明，並且提到《泰晤士報》當天的頭條新聞，宣布政府再次對銀行進行紓困。中本聰後來勸說比特幣使用人「擺脫中央管理貨幣的任意通膨風險！」比特幣正是泰爾口中所謂的「新科技」，由此或許能達成政治改革的目標。

像泰爾與中本聰這樣的自由主義者相信小政府、低稅賦與個人責任。他們在新科技的荒野大西部擁有許多具有同感的夥伴。他們的目標是破壞與改進。他們知道政府向來後知後覺。他們有許多人自稱是無政府資本主義者（ancaps）。這是一批志同道合的人集體推動的運動，他們都精於電腦密碼，其目的是破壞與改善全球的秩序。他們靠的不是政治活動，而是科技發展。這對稅賦與其他方面的影響甚大。

幣基（Coinbase）與國稅局間的故事預示加密貨幣與政府的未來

比特幣社群為拒絕認同比特幣潛能的人發明一個名詞——非幣者（nocoiners）。非幣者認為比特幣若是「變得太大」，政府會認定為非法活動。鑑於比特幣在洗錢與黑市交易等方面的潛在用途，政府很容易就找到正當的理由來取締比特幣。就實際層面來看，政府可以關閉主要的交易所、封鎖比特幣公司的銀行帳戶，並將使用比特幣列為非法行為。但是政府無法關閉比特幣，因為比特幣最主要的設計在於它是沒有故障中心節點的分散式網路。它不與任何區域或組織相連。更重要的是主張某些事物是非法的，並不能阻止大眾繼續使用，毒品就是證明。企圖關閉其他的點對點網絡——去年最熱門的網站——也沒有用。如果政府試圖阻止人們使用比特幣，他們就會改用虛擬私人網路（VPN）或洋蔥瀏覽器（Tor）來進行交易，或是乾脆下線他們的比特幣。

不過現在加密貨幣已成為一個規模以數十億美元計的產業，任何試圖阻止它的行為都會面臨多重法律訴訟。區塊鏈科技的用途廣泛，早已超越線上現金替代性系統的範疇，根本已無封閉的意義。我相信會有許多專制政府無論如何都會禁止比特幣，不過此一新經濟只須遷往對其有利的司法管轄區就行了，那些接納它的司法管轄區將可因此享受到新科技帶來的經濟成果，令專制經濟體望塵莫及。就算全球所有的政府聯手禁止加密貨幣（我認為是不可能的），也不可能阻止它的使用。他們可以迫使加密貨幣轉為地下，但是不可能使它恢復到未發明前的狀態。祕密已經曝光了。

不過，政府以後可以要求主要的加密貨幣交易所進行申報。二〇一六年時，美國國稅局試圖強迫全國最大的加密貨幣交易所幣基交出約五十萬名客戶的紀錄，以課徵稅款。幣基拒絕接受傳票，並告上法院。國稅局因而降低要求，只要求比特幣交易在二萬美元以上的帳戶資料。幣基仍不願就範，同時指出即使如此也屬於非法傳喚，但是法院的判決支持國稅局。美國地區法官賈桂琳．柯雷（Jacqueline Corley）寫道，傳票「是為達成國稅局調查幣基帳戶持有人的合法目的，這些人可能並沒有就其虛擬貨幣獲利繳納聯邦稅。」此一判決命令幣基交出約一萬四千三百五十五個帳戶的歷史交易紀錄、與約九百萬筆以上的交易資料。

國稅局要求相關資料的動機是在於未付稅款。在二〇一三到一五年間，比特幣的價值從十三美元躍升至一千一百美元，然而只有八百零二位美國公民如實填寫了報稅表格。相對於因比特幣而大發利市的人來說，這可能只是很小的比率。

此一故事說明了幾種情況。首先，加密貨幣的逃漏稅行為，尤其是在資本利得方面相當普遍。其次，政府一定會設法課稅。如果加密貨幣的規模益趨龐大，政府追討稅收的行為肯定會更為積極。第三，像幣基這樣基本上集中在一個司法管轄區的交易所，最容易成為政府的目標，就算上法院也是一樣。稅務機關的要求會整垮它們。至於將加密貨幣交易遷往其他地方的交易所，例如較為安全的司法管轄區，或是乾脆分散管理的交易所，政府就難以下手。更何況他們可能都是數位遊牧民族。

一九九〇年代的兩位基金管理人預測成真

在一九九七年《主權個體》(*The Sovereign Individual*)一書中，兩位作者詹姆斯．大衛森(James Davidson)與威廉．里斯—莫格(William Rees-Mogg)提出民族國家的存在已近尾聲的論點。五百年前，教會是法規制定者。許多公共服務，例如教育與照護，都是由教會主持，今天這些責任則都已落在政府肩上。當時「政治」這個名詞根本就不存在。然而隨著印刷術的發明與其他的發展，資訊獲得解放，教會的權力逐漸瓦解消逝，民族國家填補了真空。今天，網際網路的發明，使得民族國家也面臨相同的命運。

從稅賦的觀點來看，更是明顯。國家體系的維持愈來愈困難，然而做為動力來源的稅收卻是益趨枯竭。

作者指出，一國公民甘願放棄若干自由並依法納稅，是為了保全若干權利。國家必須能夠維持人民的信念，但是如果國家失去對貨幣、疆界、資訊、商業與犯罪，以及最重要的信任的控制，就會打破整個迷思。社會形態從工業轉為以資訊為本，將解放個人並且削弱政府的權力。民族國家將不再是現在這個樣子。聰明、創新與充滿活動力，才是贏家。不論我們身在何處，網絡空間都為我們創造了無數的機會。疆界不再重要。我們可以輕易地在政府控制範圍之外創造資產。前所未有的財務獨立將不再是天方夜譚。如果我們能在任何地方賺錢，又何必要住在必須繳稅與自由受到限制的地方。如果某一個地方情勢變得複雜，我們大可遷往其他地方。主權個體可以隨時收拾行李，拍拍屁股走人。軟體公司也是如此，但是製造業就不行了。

政府課稅太重，會趕跑他們最好的客戶。主權將商業化。人們會像挑選保險經紀商一樣選擇司法管轄區。無法提供物美價廉服務的司法管轄區，就會像經營不善的企業一樣，面對破產壓力。

隨著愈來愈多的商業活動與財富轉移到線上，成為無疆界與無形的數位資產，政府稅收勢必大減。對於那些根據高稅收預測而制定大規模支出計畫的政府，將會面臨難題，甚至可能造成金融危機，引發政治動亂。這些都會損害到民族國家的未來。

數位遊牧民族就是大衛森與里斯—莫格所指的主權個體，使用的是加密貨幣。他們勾勒的未來已經成真。

智慧型手機與科技的擴張性

現在不論是恐怖攻擊還是某種形式的混亂，總會有人以手機拍下經過，幾分鐘之後，這些影像就會上傳網路，讓所有的人都看得到。一位握有智慧型手機的路人要比專業的新聞團體更快一步取得新聞。相形之下，後者所花的時間較長，機動性也不足。這意謂全世界，或者是網際網路所涵蓋的區域，能夠隨時掌握立即發生的事。

想像一下，如果在第一次世界大戰戰壕內的士兵人手一支智慧型手機，會是什麼情況。他們會和我們一樣，把所發生的事情拍下來。數以千計，或許是數以萬計慘絕人寰的戰爭場面，將每天在網路上展示分享。歐洲人民一定會因此強烈要求立即停止戰爭。

科技使得人民手中的權力大增，讓他們能夠加強監督他們的領袖。最微小的細節、善意的謊言，甚至只是最輕微的逾矩行為，都無法逃過公眾的眼睛。

許多以前我們無法做到的事情，現在都能做到了。我們現在可以毫無限制立即免費接觸資訊。我們不需要花費任何成本就可與世上幾乎任何人聯繫。我們現在可以製作二十年前需要大筆預算才能拍攝的影片。我們所需要的只是一支手機。

某天清晨，我路過特拉法加廣場附近的聖馬田教堂無家可歸者的慈善機構，我看到有二十幾個人拿著睡袋與其他物品靠著牆邊排隊，等候領取早餐。他們其中至少有八〇%的人都在低頭玩手機。現在即使是街友也擁有智慧型手機。知識、聯繫與媒體已然社會化了——遠比保健與教育成功——而且幾乎（不全然）都是零成本廣泛提供給所有人——更重要的是，政府也是零干預。

根據聯合國二〇一三年的一項調查顯示，全球擁有手機的人數比擁有廁所的人還多。根據索尼易立信（Sony Ericsson）的預測，到了二〇二三年，大部分的行動電話都將是智慧型手機，全球八十億人會擁有超過七十億支智慧型手機。（儘管並不是每一位訂戶都代表一位用戶，但七〇%的換算率是合理的）同時，到了二〇二三年，全球寬頻訂戶將達到九十億戶，甚至**超越**人口。全球絕大多數人口將很快就會使用智慧型手機上網。智慧型手機將是世界貧窮人口首次接觸網際網路的媒介。

突然之間，開發中世界開始能夠接觸大量資訊——被我們已開發世界視為理所當然的資訊——在此之前，他們因為缺乏網路的連接性而被排除在外。他們會如何使用這些最新得到的資訊？數以千計的應用程式將使他們能夠做到以前無法做到的事情。網際網路為他們打開一個新世界，他們該如何利用這個網路新世界？或許，現在正是推動普惠金融（financial inclusion）的契機。

漫步於開發中國家的城市，你到處可以見到有人想和你說話、銷售商品給你，或是和你進行交易與兌換。這個世界充滿了想要學習、聯繫、做生意與改善生活的人。但是金融排斥（financial exclusion）——由於沒有銀行帳戶，因此無法接受或是進行支付——使得他們大部分被排除在任何形式的商業活動之外，唯獨除了自身直接與即時的交易。

金融排斥是固定電話無法像智慧型手機一樣強勁成長的主因之一（固定電話在二〇一六年的高峰期為十二億六千萬具，自此之後即持續下降）。你必須要有一個銀行帳戶才能裝設固定電話，但是開發中世界的民眾大都沒有銀行帳戶。電話公司由於無法回收投資，因此也不會進行必要的基礎建設。但是你不需要有一個銀行帳戶才能擁有行動電話，你只要有現金就行了。大部分的人都能弄到現金，而且為配合日趨強勁的需求，供給也開始增加。影響所及，這些人首次接觸的不僅是毫無限制的資訊，而且也享受到普惠金融。儘管今天全球仍有三〇%以上的人口——大約二十億人——沒有銀行帳戶，但是在三年前此一比率達到近五〇%。拜金金融科技與網際網路所賜，此一數字正在快速下降。

許多過去從未出現的可能性現在已對全球窮人開放，讓他們接受教育、接觸新事物、創造，與進行交易。與此同時，已開發世界也將因此成為數以億計潛在的新人口尋求委外工作、銷售產品與接受服務的地方。新形態的交易將會大增，成為推動我們進步的力量。

不過，對於以自身擁有的第一支智慧型手機來上網的他們來說，最快享受到普惠金融的方式就是透過加密貨幣。你可以在幾秒鐘之內設立一個錢包，接著立刻就可以開始以你的產品與服務來換取加密貨幣的支付。在開發中國家直接使用線上加密貨幣的影響與意義是巨大的，這無異於是一項重大的行銷措施，例如透過加密貨幣進行中非貿易。加密貨幣潛在的國際擴張性，使得受限於疆界的國家之法定貨幣相形見絀。

振奮人心的時刻就在眼前。智慧型手機有如入口網站，它和它的相關科技對全球貧窮人口的幫助，遠超過政府的補助，能夠讓人們透過交易來邁向繁榮——最終得以負擔之前負擔不起的排污系統與其他基本服務。

當你在看這些數字時，其中的可能性令人振奮。我的看法是我們正處於全球經濟繁榮的初期階段。如同工業革命幫助許多人脫離貧窮，並在一個世代之內就組成新的中產階級，類似的情況即將發生，只不過規模還會更為盛大。這樣的盛況大部分將在網路空間裡出現，這是一個國家界線模糊的世界，人們通常使用非政府貨幣來從事無形的商品與服務交易，難以課稅。

當然，並非所有的發展都是「好的」。許多人會利用這些新發現的力量來做壞事。但是整體而言，此一趨勢是正向而進取的。不過也並非所有人都是齊頭並進。有許多可能會因為粗暴與嚴苛的政府，或是不幸的地域環境而落後他人。對他們而言，此一過程將會十分緩慢。但是相較於其他地方的繁榮與進步，這些阻止人們向前的勢力最終注定是落敗的一方。這樣的繁榮並非一蹴可幾，它需要時間。這是世代交替的轉變，卻也是無可避免的浪潮。

全球經濟繁榮意謂稅收增加，但是除非大部分不是發生於無形與無國界的數位世界之中。全球經濟繁榮也代表強大的科技力量、資訊發達的群眾、更多的跨境交易、人民對政府更高的期望，以及對政府問責的更高能力。

第十七章

數位的突破性發展

避稅是唯一仍然能帶來回報的腦力活動。

約翰・梅納德・凱因斯

亞馬遜沒有任何一家實體店面，卻是西方最大的零售商。它顛覆了傳統零售業的經營模式，可以讓你以較實體店面相對低廉的價格，在家門口直接取得所購買的商品。它不必負擔設立實體店面的成本、物業稅與隨之而來的營業稅。如我們所見，它僱用的都是零工工作者，因此得以避免繳納許多就業稅收的成本。亞馬遜的營運分散在多個司法管轄區，因此也可以把企業稅降至最低。同時，它的商品調度是將商品由一國運往另一國，因此也大都不必繳納增值稅。

亞馬遜並非個案。許多網際網路巨擘的成功，都是在於它們能夠以較競爭對手相對低廉的價格提供商品與服務。它們之所以能賣得比較便宜，是因為它們的商業模式可以避開傳統模式的成本。透過法規與課稅而來的政府成本，向來是企業所面臨的最大支出之一。如果一家公司能夠合法避開這些成本，又不致造成商譽的損傷，何樂而不為？這些額外的成本可能就是決定勝負的關鍵。

中國的阿里巴巴現在是全球最大的零售商，而它根本沒有任何庫存。優步是全球最大的計程車公司，卻沒有汽車。臉書是現今最大的媒體公司，卻很少創造內容。愛彼迎沒有任何房地產。貓途鷹（TripAdvisor）也沒有旅館。它們都是「平台」。在無邊界的線上數位世界中，這些平台到底設在哪裡？智慧財產在哪裡？它們所提供的服務在哪裡？它們下面的哪一家子公司在賺錢？它們的稅要繳給誰？要繳多少，為什麼？

iPhone 的零件來自全球各地，它是在中國裝配，然後再賣到別的地方。這種情形下，蘋果實際上可以選擇要繳多少稅與繳給誰。歐盟的一項調查指出，蘋果每一千億美元的獲利只須繳納〇．〇一%的稅賦。稅法顯然趕不上創新的速度。

亞馬遜的成功得利於一九九二年美國最高法院一項著名的判決：如果一家企業在

一州沒有實體店面或有形的存在模式，不必繳納該州稅賦。比如說阿肯色州的居民向亞馬遜購物，由於該公司在當地沒有任何實體店面，因此也不必繳稅。一種商業模式需要繳稅，另一種不用繳稅，由此很容易可以判定誰會勝出。

然而這些平台不只能夠繞過現行的稅制，它們還逼迫那些遵守稅法的企業歇業。優步使得當地的計程車行生意銳減。天知道像亞馬遜這樣的企業讓多少商業街的店鋪關門大吉，迫使當地企業收攤，這也意謂政府稅收的減少。與此同時，眾家平台的營收卻是一路直送它們不知設在何方的企業總部。

企業為何逃避賺錢

以前企業的存在是為提供人們所需的商品與服務，藉此賺錢。然而今天大部分是因為高稅率的企業稅，使得獲利反而成為負擔。

一九七〇與八〇年代，有線電視巨擘在美國興起。他們積極建立觀眾群，企圖獨攬區域市場，他們想像不到這樣的模式已為今天的跨國科技平台建立了發展的典範。

根據TCL（Tele-Communication Inc.）的億萬富豪老闆約翰·馬龍（John Malone）的

看法，利潤就代表課稅，而稅金的滲漏是沒必要且可以避免的。為了躲避課稅，他採取擴張性的併購策略，並且利用財務槓桿大量舉債（可以勾銷利潤），宣稱他寧願繳利息也不要繳稅。TCL也許沒有獲利，但是擁有充沛的現金流。EBITDA（稅前息前折舊前銷售利潤）此一名詞現在已是標準的企業價值模型，然而馬龍最初只是用來糊弄投資人。

今天優步、臉書、網飛（Netflix）與其他只繳納最少稅賦的擴張性巨擘也都在做同樣的事情，只不過規模更大更具國際規格。即使他們沒有應稅利潤，他們依然持續擴張，促進用戶群的成長與創造營收。他們的生意都很好，這可以由他們的股價表現與執行長對投資人發布的聲明看出來，但是他們有許多都是盡可能只繳納最少的稅賦。在我撰寫本書時，英國才宣布臉書二〇一八年就其十三億英鎊的英國銷售額只繳納不到一%的稅金。這可能是因為合法的會計勾銷所致，但實際上每個人都心知肚明，臉書賺的金額絕對比其稅金所顯示的級距要高很多。

儘管這些巨擘從事的都是數以十億美元計的國際業務，但是其中有許多企業都刻意將帳目做到無利可圖的樣子，以減輕稅賦。他們以收購、研發與其他一些擴張性手段來勾銷稅賦。他們透過品牌、商標、專利權與智慧財產權的提供，將大筆獲利存放在海外低稅率的司法管轄區內。比如星巴克（Starbucks）即表示，其獲利有一大部分是來自品牌。星巴克儘管在國內營業額頗高，但是利潤偏低，而其設於海外的子公司擁有品牌相關權利，國內部門必須付錢給子公司使用品牌，如此一來便可避免被課稅。魯柏．梅鐸（Rupert Murdoch）的媒體帝國同樣也這麼做。甚至連自詡是道德堡壘的《衛報》，也利用在開曼群島的海外工具來避稅——因此，它在二〇〇八年透過出售數位汽車市集汽車交易商（Auto Trader），所獲得的三億零二百萬英鎊的利潤免於遭到課稅。

儘管有許多人認為這樣的避稅策略十分可惡，卻是完全合法。只要我們是處於在不同國家有不同稅法的全球化世界中，這樣的策略就會繼續存在，即使是透過社會輿論來揭發與抨擊的稅賦羞辱（tax shaming）手段也沒用。重點在於法律。如果要防止這樣的操作，必須立法，然而直到目前為止都沒有成功。與此同時，無法在稅賦上採取這些策略的企業，只能繼續乖乖繳稅，但是心中不滿也日益升高。

價值決定於市占與獲利能力。明天的潛在獲利遠比今天的利潤重要。迪士尼的營收是網飛的三十倍，然而市值卻是一樣。市場願意等待獲利的到來，而今天要的是市占率。

但是如果一家企業沒有獲利，政府就沒有稅收。

為求市占，許多科技公司免費提供服務，因而造成數位交換的興起。就如科技業者所說的：「當網際網路免費的時候，你就是商品。」科技巨擘們已創造了一個全新的市場，商品是資訊，尤其是你個人的資訊——幾乎自身就已是一種貨幣。你可以免費取得 Gmail、Google Map 或是 Google Search，而作為交換，Google（谷歌）將可因此取得你的個人相關資訊。它透過市占的擴張，來強化其在網際網路上的主宰地位與價值的提升，稅務員卻是什麼都拿不到。

如果谷歌出售這些資訊，或是利用這些資訊販售廣告空間，就是應稅交易，但是如果是在不同的司法管轄區出售就不是了。

這些科技巨擘很快就會發行自己的貨幣，可能是基於類似比特幣的密碼學型態，儘管可能會比較中心化。這些貨幣可以交換商品與服務，甚至資訊，在平台成為自給自足的經濟社群下，人們在其中可以使用優步幣或愛彼迎幣來相互交易。這樣該如何課稅？未來的內容創造者不會接受金錢的支付，而是接受臉書或 YouTube 幣的「報酬」，這又該如何課稅？總體而言，整個新經濟會繞過現行的稅制，因為貨幣本身都已改變。未來政府會接受臉書幣作為稅款，然後拿臉書幣來作為他們的支付工具嗎？

如果一家企業想要擁有競爭力，就必須設法降低政府相關成本。透過稅務員把稅款送到國家手中的時代已經過去。政府必須找出課稅的新方法。

你可以確定這樣的創新還會持續下去。在許多方面，科技對於二十世紀大政府模式的衝擊，就如同二〇〇〇年代網際網路對媒體與出版業的衝擊一樣。當年報紙業與流行樂界面對網際網路的興起毫無準備，今天的政府也是如此，有過之而無不及。

這是一場科技與政府間的戰爭。不同的地區有不同的方法。美國川普政府的做法基本上就是降稅與大赦。為了鼓勵企業返鄉，川普將企業所得稅率調降四成，由三五%降到二一%。同時，有海外營運據點的企業，是根據當地稅率繳納企業所得稅，而非美國的稅率。因此，如果一家美國企業在墨西哥與英國分別設有子公司，墨西哥子公司是根據墨西哥企業所得稅率繳稅，英國子公司是根據英國稅率繳稅。

此外，為鼓勵企業海外資金回流，擁有海外資金的企業有八年時間對現金或現金等值物（大都是債券），一次性繳納的稅率分別在一五．五％與八％（之前的稅率是三五％）。

根據估計，在此一新稅法實施時，美國企業總共有三兆美元的資金是在海外。其中的三分之二左右是由八家公司（如蘋果、微軟與谷歌）所持有。而在經過兩季後，有四千六百億美元回流。

至於司法管轄區之多可能超過其他所有地區的歐盟，則是選擇直接與科技業者對抗，首當其衝的是愛爾蘭。更嚴重的是，此一情勢可能會導致歐盟發生結構上的改變。

歐盟與科技的戰爭

在一九九〇年代，愛爾蘭採取企業稅低稅率的政策，以吸引想進入歐盟市場的跨國企業前來設立據點。這項政策相當成功，使得愛爾蘭這個擁有大批說英語且受過教育的勞動力者的國家，成為世界上最受外人喜愛直接投資的國家，人稱「凱爾特之虎」（Celtic Tiger）。蘋果也許是在該國設立據點最有名的企業，不過絕非唯一的一家。有上千家不同領域的跨國企業都在愛爾蘭設立據點，作為歐盟營運中心，包括谷歌、惠普、IBM、臉書、領英，推特、輝瑞、葛蘭素史克（GlaxoSmithKline）與健贊（Genzyme）。

經過三年的調查後，歐盟在二〇一七年要求亞馬遜與蘋果分別補繳稅款二億五千萬歐元與驚人的一百三十億歐元。蘋果後來開始陸續補繳稅款，並且提起上訴，愛爾蘭政府則是以履約保證為由，在上訴期間暫時保有稅款，然而上訴可能要花上好幾年的時間。此案意謂愛爾蘭已無權實施自己的低稅率企業稅（歐盟長期以來就對愛爾蘭的低利率政策不滿）。沒有了低稅率，加上美國的稅改，使得赴愛爾蘭投資設廠的吸引力大減，其商業模式也受到重創。蘋果上訴一案影響重大，對愛爾蘭與歐盟的憲法都造成衝擊。重點在於誰擁有課稅的最終權力？

歐盟目前正試圖對大型企業提供的數位服務課徵三％的所得稅。歐盟此一計畫醞釀已久，有人支持，也有人反對。（營業稅的相關問題頗多——營業額與利潤是完全不同的項目，對不同的商業模式的影響也互不相同）。歐盟要想立法，必須經過全體會員國的一致同意，因此實在難以確定這條稅法能否實施。面對這樣的情況，歐盟現在打算修法。

二〇一七年，歐盟執委會主席尚—克勞德・容克（Jean-Claude Juncker）表示，「有效多數決」——五五%的會員國至少代表歐盟六五%的人口——應該足以確保「對數位產業的公平課稅」。他還打算將這種「有效多數決」應用在其他的稅賦上，包括使得增值稅「變得簡單」、「統一的企業稅」，以及課徵金融交易稅。容克於二〇一八年時表示，多數決會比一致決來得可以「加強我們意見一致的力量。」此一立法將使得布魯塞爾（歐盟總部所在）課稅的權力大增，由各國手上集中到布魯塞爾身上，反對此一立法的小國將因此被邊緣化。這對歐盟而言，是一重大的結構性變化，影響深遠。

由此也反映出未來稅法修正的無可避免，以及國際、國家間權力變化的現實面。

如何對3D列印與物聯網課稅

對科技課稅，未來只會愈來愈複雜。稅法一直無法趕上此一價值鏈的發展，因此即使有一家公司打算繳稅（大部分的公司都願意繳稅，他們不想犯法），也不知道該怎麼做。多個司法管轄區的伺服器，在對其他司法管轄區可以提供遠程服務的情況下，利潤到底是在哪裡發生？成本又在哪裡？ＩＰ在哪裡？所創造的價值又在哪裡？

應付的增值稅要繳到哪裡？雙重課稅的風險怎麼辦？上述這些問題，以及其他許多諸如此類的問題，迄今無解。

3D列印（假設該科技已經起飛）也會面臨同樣的問題。你可能在家裡，或是附近就有一部3D列印機。當你買了一件商品，相關指示會由在不同司法管轄區（可能是在安全但偏遠的地區，當地土地與能源成本相對偏低）的伺服器送至你的列印機，所使用的密碼與IP的位置也互不相同。再一次地，我們要問所創造的價值在哪裡？利潤在哪裡？誰賺到錢了？你如何課稅？誰來課稅？我們將面對各種不同的地域性挑戰。與此同時，由於現行的工廠、倉庫與運輸系統——以及客戶——都已被省略，製造業也完全改變。實施已久的稅制已無法應用在商品的移動與服務的提供上。政府的稅收也因此遭遇阻礙。

物聯網（Internet of things，IOT）將可看到愈來愈多家裡與工作場所的設備連接到網際網路。到處會有各種不同款式的感應器，它們會相互交換資訊。簡單來說，你家的暖氣機可能知道你要回家了，所以會預先自動開啟，因為它與你的智慧型手表的位置追蹤器相連，以此確保你到家時，溫度正確合適。在你抵達家門時，屋裡的燈也會亮起來。這樣的原則也將應用在都會區的能源管理上。如果街上空無一人，就沒必要開啟路燈。物聯網可以應用在運輸、製造、農業、醫藥、照顧、教育、資產管理與環境監測上——事實上，很難找到不能使用物聯網的地方。

資訊的交換往往牽涉到商品的銷售與服務的提供，這些都是相對較容易課稅的活動。例如你家的冰箱偵測到你的牛奶或乳酪已經吃完了，因此自動下單購買。三十分鐘後，一架無人機便將貨品送到你家門口。不過通常銷售的行為都不是這麼直接，僅是資訊與數據的交換而已。即使資訊的交換能夠建立某種形式的財富，也不一定就是應課稅的金融交易。同時，商品與服務的定義也可能相當模糊。有些交易可能根本不是使用政府法定貨幣完成的。我們也將面對一直在討論的跨境地域挑戰。政府到底該如何課稅，目前仍是無解。有可能是銷售或交易稅，也可能是某種針對通訊、電信或網際網路的課稅——後者在美國可能難以實施，因為美國國會已經宣布「永久暫停對網際網路課稅與對電子商務用戶徵收多重和歧視性稅收」。

「工業世界的政府，你們這些令人生厭的鐵血巨人，」美國搖滾樂團死之華（Grateful Dead）的作詞者約翰．佩里．巴洛（John Perry Barlow）在其〈網絡空間獨立宣言〉（Declaration of the Independence）中寫道。「我來自網絡空間，思維的新家園。以未來之名，我要求屬於過去的你們離開我們，我們不歡迎你們。你們在我們這裡沒有主權……網絡空間不在你們的疆界之內。」這篇在一九九六年發表的宣言廣為流傳，儘管沒有法律依據，但是它捕捉到網際網路為政府造成重大問題的核心；如何對跨國數位無形商品課稅。

稅制還會繼續受到衝擊。在二〇二〇年代，我們將看到分布式自治組織（decentralised autonomous organisations，DAOs）的興起。DAOs沒有企業總部、沒有正式的核心組織、在任何司法管轄區都沒有設立據點，也沒有故障中心點。它們就和比特幣一樣，是分散式網路，沒有實體可以關閉或是課稅。它們的貨幣就是它們自己發行的代幣，完全是在法定貨幣的範圍之外。它們的平台與業務都是由大部分為開放源的編碼自動處理。許多DAOs的開發者都是加密貨幣行動主義者與自由主義者，它們的目標就是要取代國家。如果你認為二〇〇〇年代與二〇一〇年代科技巨擘的興起，打亂政府的稅收，使得他們措手不及，他們對DAOs更將難以招架。

新科技導致政府陷入眼前的困境。現行的稅法是在一個還沒有數位科技的時代，針對擁有明確疆界的實體世界所制定的。除非各國政府能找到一套針對數位無形資產公平課稅的方法——換言之，就是不致傷害交易的方法——否則今日的社會民主國家模式便將崩毀，從此不會有任何稅收支持它生存下去。針對某一團體課以重稅，卻對另一團體提供免稅的優惠，由此產生的經濟不平等將難以持續，因為勢必會引發眾怒。

當年征服者威廉為一探英國到底能有多少稅收，於是派遣官員到全國各地進行探訪與測量。他們將探訪的結果編寫成《末日審判書》（*Domesday Book*）——一部英國的稅賦與人口普查報告。價值的評估向來是測量、計算與對有形資產的估價。有一則有關英國發明家麥可，法拉第（Michael Faraday）的故事，他向財政大臣威廉．格萊斯頓解釋電力與他的相關發現，格萊斯頓愈聽愈不耐煩，最後粗魯地問道：「這到底有什麼用？」法拉第的回答立即且直接：「啊，先生，你可能很快就可以對它課稅！」

政府的挑戰在於如何對無疆界的數位經濟課稅。即使是股票市場，現在也難以用傳統的方式來估算無形的科技公司之市值，從而導致傳統主義者不斷指責這類公司是泡沫。經濟型態已經改變，稅制也必須跟著改變。

「政府可以最有效地針對不能移動的物件課稅，」傅利曼曾有遠見地預測，「但是網絡空間將使得政府更加難以課稅，這將對減少政府所能扮演的角色發生至關緊要的影響。」

政府所擁有的優勢，一如本書所揭示的，是對數據的處理。科技也許是問題所在，但它同樣也提供了解答。

第十八章

數據：稅務員的新朋友

「數位科技是病因，也是良藥，」KPMG的國際稅務主管梅莉莎・蓋格（Melissa Geiger）表示。我當時正與梅莉莎及其同事，專精科技的稅務合夥人克里斯・唐寧（Chris Downing）會面。克里斯表示贊同，「稅務當局對數位是又愛又恨。」

我來到他們位於金絲雀碼頭令人印象深刻的辦公室，尋求有關稅務未來何去何從的解答，尤其是政府該如何對製造出一堆問題的無形經濟進行課稅。截至目前為止，顯然還沒有一個有效的方法。不過若是有的話，答案也是在於科技本身——尤其是數據分析。

首先，數位科技將提升現存徵收的效率。

「這是解決所謂稅收缺口絕無僅有的方法——這個缺口指的是他們認為應該徵收

到的稅收與實際課徵的稅收之間的差距。」克里斯表示。「這不僅僅是灰色經濟、黑色經濟或是現金交易的問題，這比較像是一個傢伙帶著一堆出了錯的收據去找會計師。我們現在可以透過數位科技來捕捉資訊。電子發票、區塊鏈與實時申報——這些所有的科技能讓政府擴大稅收，而這在以前是辦不到的。如果我們的稅收能夠達到目標，又何必重新制定稅基或是開徵新稅。如果我們能用這些方法多徵收二%、三%或四%的稅收，其他一切就不是那麼重要了。」

數位科技也能改善課稅的效率。無人車的電腦能夠輕易根據其行走的里程進行自動支付。數位數據庫就像是區塊鏈，能夠記錄資訊與進行自貨幣到數據等所有事務的移轉，此一科技為課稅帶來重大影響。舉例來說，一艘大型貨櫃輪載著貨櫃進入港內。根據該船所載內容的保險費、關稅、相關費用與稅賦，都可以被自動偵測，然後進行支付，所有的過程都不需要人的參與。此套系統相對便宜，而且更加準確。

許多國家的央行都已在考慮將他們的國家貨幣送上區塊鏈。愛沙尼亞有可能搶到頭香。區塊鏈科技已應用在許多方面上，包括健保、司法、立法、安全與商業。如果央行真的採用區塊鏈技術——只是假設——所有的交易都會被記錄下來，來源與去處都可供稽核。無論是出於錯誤還是設計上導致的沒有繳稅的情況，都會減少，稅收缺口也會因此大幅縮小。

科技會取代官方原本的工作：如果你有應繳稅額或是罰款，科技會自動自你的錢包扣繳。所有的事情都可以被編碼。

電子發票也逐漸變成主流。「巴西幾乎已數位化所有的稅務工作，」克里斯告訴我。「電子化的發票必須實時申報，因此也能實時提供相關數據。你必須在期末提出電子版的帳目分類明細。如此一來，政府就能對任何時候所發生的任何商業活動具備一目瞭然的『3D視野』。它會在你之前就知道你可能要繳的稅額。你若是出錯，就會遭到百分之百罰金的處罰。所以，除非你使用逃稅技巧，不過風險就是你可能必須承擔更重的稅賦。」

我心想這未免太專制，也太歐威爾式（Orwellian）了。我把我的想法告訴他們。

「其實很有趣，你看那些擁有高科技稅制的國家，都是來自新興市場，」克里斯表示。「因為我不認為公眾的力量能夠阻止他們這麼做。他們無須顧慮公眾的意見，他們就是儘管放手去做。巴西是這個樣子，墨西哥也是如此，中國也一樣。墨西哥也有一套電子發票系統；你每次交給顧客一張發票，發票都會經過政府的入口網站被登記下來。」

「每張發票嗎？」我問道。

克里斯與梅莉莎同時點頭。「每張發票。就算你做的是小生意也一樣，」克里斯表示。「如果你申請增值稅退稅，那張發票必須經過政府入口網站取得認證。否則你就無法退稅。它們是資訊中心，可以對所有的事物進行認證。這樣，無論是大型企業，還是小本生意，只要犯錯，不管是有意還是無意，都難逃法眼。」

「你認為其他國家也會這麼做嗎？」我問道。

「他們已經在這麼做了。」梅莉莎說道。

義大利已在推動電子發票。歐盟也指示要實施企業對政府的發票計畫。儘管法律仍然落後，但是有關申報規定與課徵的方式卻是在不斷進步之中。稅務當局要求企業提供的資訊愈來愈多：有關他們的供應商與客戶的資訊、數位發票、交易時間與會計分錄等等。他們利用人工智能與機器人進行查核，並且比對其他的稅務資料來做交叉查核。他們擁有的資訊愈多，在課徵稅賦上也就能夠更積極。

「好比說我下面有十五位水管工人，我可以看到他們要繳多少稅與賺多少錢，如果其中一位表現突出，我立刻就可以發現，」梅莉莎表示。「不過整個情況要比這個精密得多。有一個國家──我不說是哪一國──他們甚至可以從報紙報導中有關企業支出與研發的一些數字，從中計算出該家企業的應付稅額。」

我們正開始目睹數據、數據分析與機器學習的力量。亞馬遜現在不僅知道我過去的購物習慣，還能就此做出難以想像的連接，在我尚未輸入之前，就已知道我要買什麼。早在二〇一二年，美國目標百貨（Target）就能在少女自己察覺之前知道她已經懷孕。二〇一五年，研究人員發現，只要根據三〇〇個臉書上的按讚數去運算，就能預測目標的反應，甚至比目標伴侶的預測還要準確。今天，透過你臉書上的讚，就可以知道你的性別、種族與政黨傾向。川普在總統大選時之所以能夠在賓州、佛羅里達、俄亥俄、密西根與威斯康辛等搖擺州勝出，就是靠著大數據分析瞄準「能夠被說服的選民」，針對性地對他們投放個人化的宣傳廣告。例如針對父母與長輩投放溫馨感人的廣告，並以溫柔的聲音表達對未來的關切；對年輕人則是投放較為浮誇與激進的廣告。受僱於川普進行這項工作的企業劍橋分析公司（Cambridge Analytica）發現，喜愛美國汽車的人強烈顯示出是川普的潛在支持者。如果資料顯示某人在最近幾年買了好比說福特或雪弗蘭的車子，但是都沒有投票紀錄，他就是「能夠被說服的選民」，因此會特別針對他進行拉票。所有的跑腿工作都由網路機器人與演算法來負責。

稅務方面也出現相同的情況。例如英國稅務海關總署（HMRC）有一套強大的電腦系統，名叫「連接（Connect）」，所擁有的資訊之多，已超過大英圖書館。該套系統不斷在強化其收集資訊的能力。它能強迫如亞馬遜、蘋果、愛彼迎與PayPal等平台交出資料，包括賣家與廣告商的姓名與地址。這套系統已能拼湊出大部分納稅人的全貌，而且在必要時還會進一步買進資訊。就像亞馬遜知道你想買什麼，稅務員也很清楚你該繳多少稅。

「連接」早期的成功之作是注意到倫敦一棟豪宅有多筆信用卡交易。這棟豪宅價值數百萬英鎊，然而其所有人卻沒有任何繳稅紀錄。此人唯一可見的所得是退休年金。一項例行性的網際網路調查發現，一家伴遊介紹所的廣告來自此一地址。於是HMRC展開調查，最終所有人承認在此進行交易長達六年。

稅務當局知道從某些習慣可以看出某人逃漏稅的跡象，因此會利用機器來收集個人行為模式。坦白說，某個傢伙經常上谷歌搜尋避稅天堂、購買昂貴的香檳，在列支敦士登開設比特幣的交易帳戶，當然會比酷愛火車模型的公務員更值得進行深入調查。網路機器人會掃瞄社交網站來收集證據。如果一名交易商聲稱自己所得很低，卻在臉書上曬奢華旅遊照，這背後顯然有隱情。曾有幾位參與電視實境秀《我的吉普賽婚禮》（*My Big Fat Gypsy Wedding*）的來賓，被人發現花了數千英鎊舉行豪華的家庭婚禮。HMRC隨即意識到這是未申報所得，立刻上門盤查。根據風險對納稅申報表進行排序，使得國稅局在不需增加調查數量的情況下，順利逮到過去的二十五倍的逃漏稅者。任何突然消失或是兼差的跡象，都會受到密切注意。全球的地主都會受到當地主管當局的要求，登記他們的房地產，其中有部分會被作為課稅的依據。如果一家公司具有逃漏稅的歷史，其所受到的審查程度勢必更加嚴格。再說一次，這些工作都會由網路機器人來做。

隨著機器學會的事物愈來愈多，你不僅會受到嚴格審查，你也會被予以量化與評價分類。你的工作、你能得到的貸款協議、你所支付的保險費，以及你所能得到的服務，都會因此受到影響。與你有關的一切都可以被分級，科技將會對你進行預測：你可能噓氣或生病的時間；你的工作有多辛苦；你的事業會有多成功；你對你的伴侶有多忠誠；你是否有犯罪的可能性；你破產與逃漏稅的可能性有多高等等。機器會以如心理學的定性方式來建立你的個人側寫檔案。平台並不一定會平等對待人們，那些具有正確品質的人所受到的待遇會比較好。有一家公司宣稱，「機器學習」已經可以透過一張臉部照片，預測一個人是否為罪犯，準確度高達九〇％。它也可以根據間接證據來預測犯罪的發生。然而在課稅上使用這種可能性的預測，在道德層面上備受質疑。

主管當局可能會說，如果你沒有什麼需要掩藏的，你就不必擔心。但是自由主義人士會認為，如此的行為已違反個人隱私與自由。不論你的立場為何，這樣的情況即將到來。科技與財政失衡的政府，將使其成為勢不可擋的趨勢。

「數位世界的來到將會改變人們相互審查的模式，」傑米．蘇斯金（Jamie Susskind）在其著作《未來政治學》（*Future Politics*）中寫道。「首先，我們生活中，過去大量沒有記錄或是太過複雜無法記錄的東西，如今只要擁有審查技術，就可以被掌握。其次，審查會愈來愈深入，直達我們過去認為是私領域的地方。第三，透過審查蒐集到的資訊可以永久保存，超越我們的記憶範圍，甚至我們的生命。第四，機器會愈來愈容易預測我們的行為。最後，我們的生命將會成為評分、分級與分類的標的……結果是我們所受到的審查，嚴格與周密的程度遠非我們過去所能想像，同時，手握相關審查技術的人的權力也愈來愈大。」

總而言之，稅務員會盡可能地利用他們所能拿到的工具——從審查到就源自動支付——來完成任務。姑且不論對錯，這已是大勢所趨。

稅務當局並不介意讓民眾知道它擁有大量資訊，它會利用恐懼與罪惡感來反制逃漏稅的行為。它會威脅對逃漏稅者提起訴訟，對自首者減輕處罰。

「像是巴西這個國家，」克里斯說道。「其稅務部門的數位化可能是最全面的。你可能也會發現該國的企業都擁有龐大的稅務團隊，因為你必須僱用大批人馬來應付稅務當局，或是與其達成協議。你能想像未來的場景嗎？你的公司只有兩個人負責賺錢，卻有十個人在處理隨之而來的稅賦問題。我認為，如果你無法掌握其中要領，通常就會是這個樣子。」

這場遊戲會一直持續下去：在納稅人與稅務員之間、在自由與課稅之間、在盡其所能的課稅與避免損害商業活動之間。工具也許有所改變，但是遊戲不變。

這是一項國際化的活動

數據共享與分析已是一項國際性活動。稅務當局已開始共享數據與其他資訊。共同申報準則（The Common Reporting Standard）可以讓全球四十七個國家相互間共享有關銀行存款餘額、利息、股利、資本利得與所得等方面的資訊。另一項跨境合作行動是瑞士信貸集團（Credit Suisse）最近同時遭到英國、法國與荷蘭的調查。

但是，稅制本身卻仍互不相同。「法規仍是支離破碎——這實在很瘋狂，」梅莉莎感嘆。「這也是我們的客戶最常遇到的問題——這麼多不同的法規，你到底該如何遵守？」

「大家最期盼的就是確定性，」克里斯說道。「可是比如每次我看到OECD所發布有關各國的大型報告，人人的解讀都不同，所以你會得到五十七種不同的說法，完全沒有相同的。」

克里斯與梅莉莎都認為，未來幾年這種法規支離破碎的情況還會繼續惡化。競爭是箇中原因。他們幾乎可以由此確定，企業稅將會因此下降。

其中有一個角色叫作避稅天堂，儘管其定義因政治的關係而難以統一。某人具有競爭力的稅率，可能是另一人的避稅天堂。不過只要各國爭相提供不同的稅率，以爭取國際企業的進駐與投資，稅率的競爭就會持續不斷，並且導致企業稅率的下降。有些人大聲疾呼全球合作打擊避稅天堂，以貿易禁運等手段來懲罰這些避稅天堂，但是這樣的行動需要全球主要經濟體的協調運作，而這是不可能的。難道說法國要停止與瑞士間的貿易嗎？英國要停止與愛爾蘭間的貿易嗎？美國要與自己的德拉瓦州斷絕貿易關係嗎？尼可拉斯．謝森（Nicholas Shaxson）在其著作《大逃稅》（*Treasure Islands*）中指出，全球貿易有五〇％以上都會經過避稅天堂。根據加柏列．祖克曼（Gabriel Zucman）在其著作《富稅時代》（*Hidden Wealth of Nations*）裡談到，目前全球有大約七兆六千億美元的私人資金存放在避稅天堂內，相當於全球八％的家庭財富。如此龐大的規模，豈是貿易禁運措施能夠對付。

有人認為避稅天堂其實扮演了相當重要的國際性角色，用以檢驗各國政府的稅制是否過於苛刻，並為人們提供了擺脫對私有財產毫不尊重的專制政權的途徑。然而，不論當時的政治共識為何，你可能都會主張，你的財富絕非公共資產。

「我在想你以後是否會看到兩種形式的稅制，」梅莉莎表示。「一種是你在本地發生的有形稅，我們拿走二〇%或三〇%。另一種則是無形的，你可以在世界任何地方繳納，好比說愛爾蘭一二．五%，英國一〇%。你等於進入一個雙重稅制，一邊是舊世界的實體交流，一邊是新世界的無形互動。」

有些人視愛爾蘭為避稅天堂，因為其企業稅率只有一二．五%。可是該國的勞工，只要所得在三萬八千五百歐元以上，就須繳納稅率達四〇%的所得稅，他們可不這麼認為。由此也產生一個問題：在經濟不同領域實施不同的稅率，從而造成的經濟混亂。近幾年來，經濟失衡的情況愈來愈多，主要原因之一，就是政府對人民所得課稅偏重，對資本的課稅又相對偏輕。我們將在下一章討論這樣的情況，以及可能引發的政治動盪。

我的看法是，也許我們可以用走後門的方式讓稅制標準化。跨國企業的會計作業現在幾乎都是使用機器人流程自動化（robot process automation，RPA）的技術。它們可以一天二十四小時不停地工作、分析公司所做的每一筆交易、自動進行支付、銷售、退稅，以及其他所有的例行性工作，而且在快速學習功能下，可以隨時做出合理的決定。來自公司各部門與各地區的數據都會進入中央數據庫進行分析。機器會將發票與會計數據、供應商與客戶的資訊進行比對，以提高相關業務的效率，以及如會計師所言：「確認稅務規劃的機會」。數據與數據分析的相關技術不斷在進步中。現在是稅務部門數位化的時代。儘管稅制互有不同，但是軟體卻具有一致性。數據的集中化可以用來處理分屬不同司法管轄區的審計工作，如果某一國看到另一國達成審計協議，一定也會期待有相同的或更好的協議。如此一來，我們就可以用走後門的方式，達成全球稅制的統一。

「也許會有這麼一天，」克里斯說道。「但是我們現在還有很長一段路要走。在此之前，你會先看到各國稅制益發混亂。任何一位新領導人上台，或是現任領導人想要連任，他們都會想『我要進行稅改，來增進投資——就像川普之前所做的。』他們想要當選或是連任的期望，會超越OECD的指導原則。」

「我們最終會達到建立共識的階段，」梅莉莎說道。「但是在此之前，我們會先經歷破壞性的階段。」

科技如何幫助租稅正義鬥士

雖然稅法無法跟上科技的腳步，不過媒體業就不一樣了。他們會利用新科技與他們的平台來抨擊與揭露他們認為有弊端，或是不法行為的個人與企業。

克里斯與梅莉莎都不認為跨國企業會故意欺騙稅務當局以逃避稅賦。遵從稅法其實往往不如看起來那麼容易。「這是一個很有意思的辯論，」梅莉莎說道。「因為我所接觸的大部分企業，都會繳納他們應付的稅額，只要是法律規定的，他們都會繳納。我不認為他們會瞞騙稅務當局。輿論對企業很重要。他們知道數據與科技會使他們的經營更為透明。」

雖說企業都希望能在合法的範圍內繳納最少的稅賦——而且他們確實也能辦到——但是他們也不希望發生任何與繳稅相關的醜聞。現在許多大型會計師事務所都設有部門專門「處理稅務爭議」，以避免企業面臨聲譽遭到破壞的風險。企業遭到稅賦羞辱的最後結果，往往是重新調整稅務作業。今天，遭到質疑的企業儘管其稅務作業完全合法，但是光是遵守法律並不夠，他們的一舉一動都會受到不受歡迎的媒體的檢視。

國際企業如蘋果、谷歌、臉書、亞馬遜、星巴克與沃達豐（Vodafone）的稅務作業常年都會受到媒體的關注。然而遭遇同此情況的遠不僅止於他們而已。稅務醜聞在全球企業界已成司空見慣之事，只是不僅限於企業而已。許多高身價的個人或家族的稅務，也成為記者調查報導的主題。足球明星利昂內爾・梅西（Lionel Messi）與克里斯坦拿・羅納度（Cristiano Ronaldo）；歌星夏奇拉（Shakira）、賈斯汀・提姆布萊克（Justin Timberlake）與瑪丹娜（Madonna）；演員綺拉・奈特莉（Keira Knightley）與阿米塔布・巴沙坎（Amitabh Bachchan），甚至英國女王與查爾斯王子，他們不過是其中少數幾位發現自己成為媒體嚴格檢視的目標而已。

大型稅務醜聞近年來接二連三地爆發，例如二〇一五年的瑞士洩密事件（Swiss Leaks）醜聞，揭露了涉及一樁超大型逃稅計畫的十萬個帳戶與二萬家離岸公司。接著在二〇一六年又爆發巴拿馬文件（Panama Paper）醜聞，一位自稱無名氏的匿名消息來源者，向《南德意志報》（*Süddeutsche Zeitung*）的記者揭露了約一百五十萬份文件，詳細說明了二十一萬四千四百八十八家離岸企業的私人財務與法律資訊文件，時間可一直追溯到一九七〇年代。

你上亞馬遜網站打下「稅」這個字，會發現就算有也只是少數幾本有關討論稅賦過去、現在與未來的書籍，不過倒是有許多揭發國際金融內幕的材料。有許多影片、電視與廣播報導以及部落格，都致力於相關醜聞的揭露。他們的調查時間都持續很久，這也許是因為他們受到強烈的動機激勵所致：他們義憤填膺，站在道德的制高點為正義而戰。在日益升高的政治與意識形態戰爭中，稅賦羞辱已成為一種武器。隨著政府所提供的服務因稅收減少而縮水，這樣的動機會益發強烈。

稅賦羞辱的趨勢會益趨強大，在未來幾年形成主流。二〇一六年《國際稅務評論》（*International Tax Review*）在其全球稅務五十大（Global Tax 50）排行榜中，將國際調查記者聯盟（International Consortium of Investigative Journalists）列為第二名——全球稅務五十大，是針對在稅務領域，最具影響力的個人、組織、事件與趨勢的排行榜〔歐盟競爭執委瑪格瑞特．維斯塔格（Margrethe Vestager）因在稅務上與蘋果等跨國企業正面對決而排名第一〕。二〇一七年，稅賦羞辱調查記者組成聯盟，稱為第五權（The Fifth Estate）。他們當年排名第四。

隨著那些「有效管理他們稅務而將稅賦減至最低」的人遭到揭露與指名道姓的抨擊，一般民眾也愈來愈火大。這也成為全球政治不滿情緒日趨高漲的主因之一，由此可看出廣大群眾對不公平待遇的怒氣沖天：遊戲規則不公，有些人可以適用這樣的規則，然而其他人卻是適用另一套規則。待遇不公無可避免地將導致未來幾年全球不滿情緒持續升高。

HMRC也參與了這場指名道姓予以羞辱的遊戲。該部每三個月會在其網站上發布逃漏稅超過二萬五千英鎊者的細節。它會公布他們的姓名、公司的名稱、逃漏稅的金額與懲罰。稅務當局也會鼓勵民眾舉報詐欺與逃漏稅的行為。不過有些人會將舉報作為其公報私仇的工具。HMRC在去年共接獲舉報案十一萬三千件，發出共五十萬英鎊的舉報獎金。

但是問題依然存在。

如果一家公司或個人的行為完全是在法律的容許範圍之內，儘管這樣的行為是如何讓人義憤填膺，也依然屬於合法的行為。由此來看，問題是出在法律上。數位科技或許強化了政府的權力，但是根本的問題——如何在無形的線上數位世界課稅——依然無法獲得解決。全世界都看得到這種透明的供應鏈，然而令稅務當局惱火的是他們卻無法染指——截至目前為止，都沒有任何人想出如何課稅的方法。

約翰．佩里．巴洛的〈網絡空間獨立宣言〉說得沒錯，他說：政府「沒有任何強制性的手段令我們有真正的理由感到畏懼……網絡空間是由訊息傳輸、互動關係與思想本身所組成，有如我們通訊網路中的駐波。我們的世界無所不在，又虛無飄緲，但絕非實體世界……你們有關財產、表達、身分、移動與情境的法律規範，並不適用於我們。它們都是根據實體的存在而來，而這裡並不存在實體。」

除非能夠先解決如何對無形數位全球化經濟課稅的問題，否則無法達成國際稅制統一的目標。在此之前，由於各國因應方式各有不同，全球稅制支離破碎的情況仍將持續。

課稅的手段將會變得更加無情、具侵略性與盛氣凌人。為了達到課稅的目標，政府會要求大眾，包括會計師、律師與金融顧問們揭露所有的訊息。政府已經破產，他們別無選擇。然而他們採行的方法卻不合理也不公平，僅是針對容易課稅的目標族群（實體經濟）。或許他們的焦點不應放在逃漏稅上，而是建立一套能夠有效執行的體系。如果無法找到這樣的體系，政府的角色就必須改變。政府必須減少介入。

第十九章

制度已經崩塌

在課稅的時候，儘管是相同的所得，正直之人比狡詐之人繳納的較多。退稅的時候，正直之人什麼也沒得到，狡詐之人卻是利益豐碩。

柏拉圖（Plato，紀元前三八〇年）

今天的社會民主體制是建立在一個原則之上，即政府的角色不僅在於為人民提供保護，而且也必須對財富進行重分配與生活機會均等化——消除市場經濟中的不平等現象。

稅賦本應是達成此一目的之工具。

然而現今自由世界社會失衡的問題，一如既往地嚴重。

現今財富失衡的情況特別嚴重。每年樂施會（Oxfam）都會發布一些令人震驚的統計數字，以突顯財富失衡的問題。今年的數字指出，美國企業執行長的一日所得相當於美國一般勞工的一年所得；億萬富豪財富增加的速度是一般勞工的六倍；全球最富有的人僅占世界人口的一%，但是他們的財富總合卻比其他九九%的人口還要多。[1]

健康方面的失衡情況也是愈來愈嚴重。健康情況難以量化，不過可以用預期壽命與嬰兒死亡率來表現。在英國，最富有的人與最貧窮的人，兩者間預期壽命的差距是歷年來最大，而此兩者之嬰兒死亡率的差距與全國平均值也都在持續擴大中。這種健康失衡的情況並不僅限於英國，美國家庭年所得中位數在二萬五千美元之社區的預期壽命，要比家庭年所得中位數在五萬三千美元以上的社區短少約十四年。即使兩個社區比鄰而居，較富有社區的預期壽命也要比較貧窮社區高出三〇%。

機會失衡的情況也日趨嚴重。接受私立教育者的表現優於公立教育者，已是全球現象。在英國，自私立學校出來的學生僅占全體學生的七%，卻占據了大部分的高等職務，例如六一%的醫生與七四%的法官。[2]

這些失衡的情況追根究柢就是在於稅制。就財富失衡而言，那些身上財物不多的人，尤其是剛步入社會的年輕人，他們所擁有的資源就是勞力。然而我們卻對勞力課以重稅，而且是經常性的，這主要都是因為對勞力課稅相對容易。但是，在對勞力課以重稅的情況下，我們也限制了那些依靠勞力的人發展的可能性。

至於那些超級富豪，雖然他們的工作也很辛苦，但不至於落到像勞工那樣遭到重稅伺候，除了極少數薪水極高之人，像是那些跨國企業的執行長、體育明星之類的人物。他們大都是仰賴生意的擴張與資產的升值——如房子、土地、公司、股票、債券與他們的藝術收藏品等等——來累積財富。這些都不會像所得稅那樣被年年課徵（我可不是說應該如此）。他們即使是出售資產，如果獲利，應稅稅率通常也相對較低。他們有許多人乾脆避免出售，或是利用避稅還是再投資的手段，以避免利得成為應稅利潤。

簡而言之，有一個群體——勞工——所負擔的稅率較高。針對所得與資本的課稅並不均等，因此形成不平等的情況。美國的資本—勞動比例已由一九六〇年代的六十七比三十三，降至金融風暴後的五十六比四十四。換句話說，勞力的價值已大幅下降，隨著工作被自動化取代，其價值還會進一步降低。由此也顯示出雙重稅制造成嚴重的失衡情況。

通膨稅也會創造贏家與輸家。通膨其實對擁有如房地產、企業、股票、股份，甚至藝術品與古董等資產的人**有利**，因為隨著貨幣貶值，這些資產的價值反而會上漲。但是與此同時，通膨也傷害依賴薪資或儲蓄度日的人，會侵蝕他們所賺得的錢財價值，同時抬高他們所想買的資產價格，尤其是房價，使得他們難以觸及。薪水階級無異於遭到兩面夾殺。

稅制並非平等地對待每一個人，有些人會受到懲罰，有些人卻是從中獲利。這也是為什麼許多經濟體開始關注資產的所有權。我們的稅制實際上是導致失衡與不平等的主因。

未來幾年，我們不太可能看到權利遭到剝奪的中產與勞工階級，甘願繼續承擔這種不平等的稅賦。社會與政治動盪可能因此而起。

至於健康與教育的失衡問題，不在本書的討論範圍內。你可以找到國家教育與保健制度完善的例子，同時，你也可以看到許多令人失望的案例。但是人們針對這兩項議題永無休止的爭論，顯示出社會對它們不滿的情緒高漲，甚至超越如食品、成衣與科技等政府介入相對較少的經濟部門。政府針對民間不滿，最常見的解決方案就是增加對保健、教育與福利等方面的支出。然而有可能只是巧合，不過自二次大戰以來，英國在一九九七年到二〇〇七年這段期間，健康失衡加劇的情況最為嚴重，然而就GDP比率而言，這段期間也是國家保健局支出最多的時候。由此來看，光是增加支出或許並非解決之道。

如果我們轉而停止以稅收來資助保健與教育等方面的服務呢？如果我們把錢留在民眾的口袋裡，讓他們自己決定該怎麼花呢？

保健、社會福利與教育都是人們的必需品。它們不會憑空消失。十九世紀的友善社會是那一時期最為成功的典範，它在沒有政府資助的情況下成長茁壯。因此，二十一世紀版本的友善社會之興起也並非不可能。

亞當．史密斯的四大原則

在他的《國家財富的性質與原因的研究》（*Inquiry into the Nature and Causes of the Wealth of Nations*，國富論）中，亞當．史密斯揭示了任何一套稅制都應遵守四大原則。這四大原則在一七七六年公諸於世，至今依然適用。

他的第一項原則是稅賦必須公平。公民「應該就其各自的所得盡可能對政府的支持做出貢獻。」然而，今天在所得稅與通膨稅皆相對偏高的情況下，根本難以遵守此一原則。

通膨稅與其他的隱形稅賦也都幾乎違反了史密斯的第二項原則，該原則是「繳納的時間、繳納的方式、繳納的金額必須清晰、明確、易懂。」即使撇除通膨不算，現代的稅制——除了少數例外，如香港與新加坡——既不明確且複雜難懂。這些稅制複雜得令人沮喪。英國的稅法是全世界最長的，有一千萬字共二萬一千頁，嚴重違反此一原則。我們可以做一些比較，英國稅法的字數是《聖經》的十二倍左右。馬塞爾．普魯斯特（Marcel Proust）的長篇大作《追憶似水年華》（*A La Recherche du Temps*

Perdu）是金氏世界紀錄認證最長的小說，共一百二十六萬字，然而英國稅法卻是它的八倍左右。一千萬字比大部分的人一生讀的字數還多。

然而，要讀完英國稅法是一回事，要讀懂它又是另外一回事。英國的稅法是出了名的難懂。

奈哲爾・勞森是一九八三至八九年間的英國財務大臣，他的政策是在每年的預算案中附帶簡化一項稅法。他總共簡化了六項，同時也把所得稅級距縮減成兩個，但是自此之後稅法卻也大增。戈登・布朗（Gordon Brown）是最糟的罪犯，在他擔任財務大臣任內，稅法的規模擴張了三倍。喬治・歐斯本接掌財務大臣後，承諾積極簡化稅法。他表示英國稅法是地球上「最複雜與最不透明的之一」。他甚至設立簡化稅收辦公室（Office of Tax Simplification）。但是在他任內，英國稅法仍擴張了一倍。

稅法複雜並不僅限於英國。這簡直就是西方的詛咒。《美國國內稅務法》（*US Internal Revenue Code*）共二百四十萬字——是一九五五年時的六倍左右，是一九八五年的兩倍。美國國稅局另外頒布了七百七十萬字來闡明應該如何實施稅法。此外，美國還有六萬頁與稅賦相關的案例法，用以協助會計師與稅務律師計算他們的客戶到底積欠了多少稅。艾爾伯特・愛因斯坦（Albert Einstein）因為對他的報稅表感到困惑不已，曾經說過一句名言：「全世界最難懂的就是所得稅了。」

反觀香港的稅法共二百七十六頁，僅是英國的一・五％。

複雜就會形成不均。有些人或公司會聘用專家，盡可能地尋找與利用為數頗多的法律漏洞。然而其他沒有這類資源的人所繳納的稅額，以其所得而言，比率就會相對較高。稅收減免、稅賦優惠與補貼等措施，是導致稅法複雜的主因之一，同時也是造成稅賦不公的禍源之一。不論是基於金融利益還是信念體系，以遊說來爭取補貼、或是稅賦優惠的活動，已成常態。不過同前所言，有些人擁有遊說的資源，有些人沒有。有些企業能夠獲得特許優惠，有些卻無法拿到。稅法應該一視同仁才對。

複雜也造成錯誤，這亦是如 IRS 與 HMRC 等稅務主管機構最常遭到詬病之處。去除複雜性與簡化制度，你就等於去除或避開了錯誤，同時也使得整個遊戲場域變得更加公平。

史密斯的第三項原則是，課稅「應選擇對納稅人最方便的時間與方式為之。」就源扣繳與在支付發生的同時進行扣繳，大致上符合此一原則，但是稅務當局的出發點並非考慮到納稅人的方便性，而在於稅收的最大化。

史密斯的第四項原則是，應盡量降低課稅的成本。如果要花五十美分才能課徵一美元的稅收，此稅根本就沒有存在的正當性。不過現在的稅制通常是把成本轉嫁到納稅人的身上。僱主必須代為課徵所得稅，商家必須代為課徵增值稅。美國的課稅成本每年大約是四千零九十億美元，相當於三十六州國內生產毛額的總合。美國人民總共要花八十九億工時來完成ＩＲＳ申報所得稅的規定。這相當於四百三十萬名勞工光是在填寫所得稅申報表什麼也不做——四百三十萬正是美國人從事司機工作的勞工數目。

在英國，儘管金融與其他科技快速發展，但是政府課稅的成本仍和五十年前一樣昂貴。

由此不難看出全球大部分地區的情況都有問題。

「怒吼，怒吼對抗光的熄滅」

自二〇〇八年全球金融危機以來的數年間，焦慮與不滿的情緒在西方蔓延，表現在許多不同的方面——川普意外當選美國總統、英國脫歐、法國的黃背心暴動、加泰隆尼亞獨立運動。強人政治家，無論左派還是右派，都受到全球注目與歡迎，反觀中間派卻是飽受排斥。面對這樣的局勢，政府當局不知該如何因應，媒體也無從解釋。

這種不滿的情緒自古有之，紀元三千年前烏魯卡基那在拉格什的追隨者、一三八一年的英國農民、以及一七八九年的法國革命群眾，都有相同的感受。許多人感到由於在稅收制度中沒有發言權，因而導致經濟出現如此之多的不平等現象。但真正的問題在於，今天形成這種現象的許多因素根本難以發現，因為許多稅賦都是隱身暗處，無法直接或立即感受得到。所得稅是在我們還未接受支付之前就已先自源頭扣繳。增值稅與銷售稅則是隱身在售價之中，燃料稅與罪惡稅（針對飲酒、吸菸與賭博等罪惡的課稅）也是如此。隱形稅是看不見的。凱因斯就曾表示：「通膨稅的發生，可能百萬人中沒有一人能夠發現。」該稅是未來的債務。

但是常言道，「你可以逃避現實，可是你躲不開逃避現實的結果。」這樣的不滿或許難以表達，但是重稅造成的結果實實在在感受得到。

面對沉重的稅賦壓力，許多家庭都是咬牙苦撐。夫妻都必須工作才能享受到過去只需一人工作就能享有的中產階級生活。他們延後組織家庭；他們養育的孩子較少；他們的債務較多，住的房子也較小。買房幾乎成為不可能的任務。整個西方世界都是如此。我這一代較我父母貧窮，我的下一代又比我窮。這與進步、發展背道而馳。這樣的現象在歷史上非常罕見，歐洲上次出現這樣的情況可能是在黑暗時代。

在被壓榨的同時，他們也眼睜睜地看著自己辛苦賺得的血汗錢，被政府拿去花在未經他們同意的用途上，例如戰爭、社會福利，或者是單純的浪費。然而他們卻是無權置喙，除了每隔五年就大部分主張並不明確的政黨進行一次影響度存疑的選舉。美國華盛頓首府IRS大樓牆壁上刻著「稅賦是我們文明社會的代價」。可是我無法確定是否要在此一不公平的制度下工作，並且資助我們認為並不文明的活動。如果你對繳稅後的回報並不滿意，你無法要求退費，也不能將客戶帶往其他地方，除非是離開這個國家。如果你不繳稅，你就會坐牢。事實上，現在已有許多稅都是就源扣繳，因此你想拒絕繳稅都沒有辦法，如此一來，倒是降低了你坐牢的風險。

到了二〇三〇年，人們將會過著閒適的生活，每天只須工作三小時，完全擺脫「基本的經濟問題」。這是二十世紀最有影響力的經濟學家凱因斯在一九三〇年所做的著名預測。凱因斯對於生產力將會增長的預測是正確的。食品、成衣、科技，甚至構築一棟房子的成本（土地不算）——這些所有的事物價格，在過去一百年間顯著地下跌，品質則是有所提升。一九〇〇年時，勞工八〇%到九〇%的所得都是花在食物、衣著與住宿上，而今天只要四〇%即可滿足所需。不過凱因斯對我們工作時間多寡的預測卻是大錯特錯，這是因為他忽略了一項龐大的成本。他強力主張政府支出的觀念，卻忽略了此一成本，實在令人意外。在整個西方世界，此一成本是人們一生中最大的支出，超越房子、汽車、退休金或是在教育上的花費：即供養國家本身的成本。政府做的事情很多，我們為此付錢，如今，此一支出已成長為你在任何一個已開發國家中（可能有一兩個例外），一生裡最大筆的花費。

但是，儘管今天有些人享有非凡的財富與機會，許多人卻感覺遭到剝削而且沒有代表權。革命的種子已然萌芽。

民族國家已至盡頭？

也許過去兩百年間，國際歷史的定義性特徵是國家成為最高的政治實體。

依據科技作家傑米・巴特利特的說法，十九世紀之前的世界是，「一個龐大的帝國、無主的土地、城邦以及公國，旅人通行各地，無須接受邊境與護照檢查。」不過戰爭、革命、工業發展與社會福利改變了這樣的情況。隨著時間的流逝，邊界也改變了。我們可能自小就認為每個國家都有其邊界，但是在歷史長河中，民族國家是一種相對近代的模式，大部分是來自於十七、十八與十九世紀的稅務革命。它的存在，主要是依賴能否課徵足夠的稅收來應付支出。

儘管已經出現赤字，但是許多領袖依然試圖以更大規模的支出計畫來平息民眾日益高漲的不滿情緒。川普就承諾啟動大規模的公共建設。英國的財務大臣菲利浦・韓蒙德〔Philip Hammond，編按：前梅伊內閣的財務大臣，現任強森內閣的財務大臣是薩吉德・賈偉德（Sajid Javid）〕則是承諾大幅增加 NHS 的支出，這意謂到了二〇二三年，NHS 的相關支出將占 GDP 的三八%。並同時代表著將會增加對稅收的需求，但是卻無法確定這些稅收來源是否會繼續存在。

這種對民族國家的威脅也許可以追溯至一九九〇年代中期至末期，當時無形資產的投資有史以來首次超越對有形資產的投資。長久以來，經濟的重心都是在於實體物件的生產與消費——從汽車到乳牛、穀物至黃金。然而，今天最有價值的資產是無形的非實體——軟體、公司、品牌、智慧財產權、作業系統與供應鏈。甚至連貨幣本身都不再是有形的了。聚焦於無形資產的企業成長迅速，如果有一套系統——好比說谷歌的搜尋引擎——運作順利，其規模的擴大遠非「實體」企業所能相比。一個應用程式只須上傳一次，就能下載數以百萬次。此一成長潛力吸引資金的投入，使得成長腳步更為加快。

與此同時，科技公司新型的「非獲利」商業模式與它們遊走四方的能力，使得它們能夠大幅減少稅賦，反觀其他企業卻沒有這種能力，兩相比較下，科技業明顯占有優勢。低稅賦代表可有更多的資本來進行投資與促進成長，對於科技的發展也更加快速。即使是電腦的運算能力也隨著成本的降低，大約每兩年增快一倍。科技業融入我們社會的速度也在同步加快。卡爾·馬克思最著名的主張之一，就是當生產的主導模式發生改變時，政治與社會結構也會隨之改變。

民族國家與其稅制乃是根據實體世界而建立。即使是在今天，英國在其GDP的統計中，也沒有納入市場研發與品牌建立的支出。除非國家當局能夠順應新世界，予以數位化，否則當今的國家模式勢必會受到質疑。它們若非趕緊找到對無形資產課稅的方法，在眾國之間維持競爭力，就得削減支出，否則將面臨破產的命運。

政府破產、稅收銳減、債市的潛在危機，以及對國家貨幣失去信心——在一個充滿政治不滿情緒，尋求改變聲浪高漲的國家中，這些情況都極有可能發生。這些也可能是引發革命或內戰的導火線。那些首先採取行動，並最能好好地適應我們周圍新經濟世界現實的國家，將可避免這樣的命運，這也表示它們必須調整政府治理的方式與所提供的服務。

小國比較敏捷與靈活。它們已經採取措施來適應新局。例如冰島（甚至以眾包的方式來修憲）、愛沙尼亞、馬爾他，以及一些加勒比海的島國，在稅法與政府服務上，都已擁抱區塊鏈科技，然而其他國家仍在努力中。小國的表現明顯優於大國。以人均所得來計，全球最富有的十個國家，沒有一個人口超過一千萬人。而在全球最富有的二十國中，只有兩國（美國與德國）的人口在二千萬人以上。不過在一九五〇年時，整個情勢並非如此。美國當時可能是全球最富有的國家。購買力平價數據或許不算準確，不過以此統計，全球購買力平價最高的十個國家之中，就有四國的人口超過一千萬人——美國、委內瑞拉、澳洲、加拿大，或許還有荷蘭，而比利時、法國與阿根廷也緊追在後。就經濟而言，小就是美已成趨勢，不過並非一直如此。

在政治上，人民希望只由本國法律治理的小國模式，也逐漸成為趨勢。例如英國公投要脫離歐盟、加泰隆尼亞要自西班牙獨立。在過去二十五年間，南斯拉夫分裂成為波士尼亞與赫塞哥維納、克羅埃西亞、科索沃、馬其頓、蒙特內哥羅、塞爾維亞與斯洛維尼亞等小國。我們已預見未來還會出現許多類似的情況，儘管邁向小國模式並不容易。西班牙已展示其拒絕讓加泰隆尼亞獨立的強大意志力。英國脫歐也變成歹戲拖棚（編按：英國已於二〇二〇年一月三十一日晚上十一時正式脫離歐盟），關稅同盟與准入單一市場是主要爭議，而這些都與稅務有關。就歷史來看，往往需要革命、破產危機與戰爭，才能促成改革與隨之而來的稅改。政府很少會自動自發地推動改革，不過稅收逐漸減少會強迫它往此一方向前進。

隨著國家分裂，各國稅制取決於該國所選擇的治理制度。不過各國為了發展經濟與商業，會相互競爭，而最能招商引資的，也一定是在私人財產相關法律與稅率上最能吸引新世界公民與企業進駐的國家。此一競爭也使得其他國家順應新局的壓力益形加重。

隨著科技開始取代政府的服務（許多國家的教育、健康照護與運輸，都轉向科技），也開啟了政府減少支出的大門，不過有人懷疑政府之所以減少支出，主要是受財政壓力所致，而非出於自願選擇。在大手筆支出已是根深柢固的治理文化中，政府會強烈排斥減稅。它們甚至會提高稅率或是開徵新稅——也許是財富稅、豪宅稅、空屋稅，或是營業額稅。它們也會開徵更多的通膨稅，這種稅不會讓選民直接感受到其衝擊，至少最初是如此。例如現代貨幣理論（Modern Monetary Theory, MMT）的主張，與所謂人民的量化寬鬆（People's Quantitative Easing, PQE），都是由政府透過印鈔票來供應支出，進而控管經濟的手段，近年來都大受歡迎。

未來打擊逃漏稅與避稅天堂的行動會益趨強硬。課徵稅收的態度也會愈加堅決，甚至包括道德綁架——已在執行中——即如果你不同意增稅或是稅收使用的方式，你就是一個壞人。這種道德綁架的手段曾應用在中世紀的騎士身上，不願隨國王出征的騎士必須繳納懦弱稅。然而歷史告訴我們，此一方式的效果並不令人滿意。

儘早實施具有實質意義的稅改可以減輕傷害。但是歷史顯示這條路並不容易。這樣的改革往往是由於某種危機所促成。一般的政治人物施政時都會採取阻力最小的路徑，最終走向更多的稅賦、更複雜的稅制與更高的稅率。唯有具備強大無比的意志力與堅忍不拔之毅力的政治家，才能不畏艱難推動改革。面對亞洲持續進步，西方世界，尤其是歐洲，必須改變其課稅的方式，否則就將落於人後。

大政府與小政府、專制與自由、老派商業模式與新科技、重稅與輕稅之間的意識形態之爭，終將持續不斷，任何一方都不會輕易認輸。不過那些選擇低稅率、公平而簡單的稅制的國家，必會蓬勃發展。稅賦最輕——人民因此也最自由——的地方，也就是擁有最多發明，最能創新與最能創造財富的地方。過去如此，未來也是如此。

第二十章 設計烏托邦

我主張無論在何種環境、何種藉口、何種理由下，只要有可能，就應減稅。

米爾頓・傅利曼（二〇〇三）

沒有一種文化是不課稅的。

不管我們有多厭惡課稅，我們都無可避免地必須繳納部分勞力或財產作為「公共利益」。自由與稅賦是對立的。如何看待稅賦終究是一個關於你的價值觀的問題。你心中的烏托邦會是什麼樣子？

你想要今天歐洲這種社會民主模式嗎？此一模式的特點是高稅賦，政府是社會福利、教育、退休金與保健等領域的主要提供者，而其結果是形成相對較低的自由與個人責任。

或者你喜歡重稅，相對極權的國家與偏低的自由？

或者你中意低稅賦，較多的經濟自由與個人責任，認同政府並不是教育與社會福利等的最佳提供者？

如果你對現狀滿意，或者是想再進一步，問題的重心就在於該如何使用這些稅收。至於我的烏托邦，有若干是根據香港而來，但另闢蹊徑。

讓我們從頭開始。如果你還記得，在已開發世界，有四〇%到六〇%的GDP是來自稅收。在烏托邦中，我們把此一比率降到古代傳統的什一稅水準。整個稅賦——包括債務與通膨——應在GDP的一五%左右，相當於我們現在所繳納稅賦的三分之一。政府支出也不應超過此一水準。就算你想支出二〇%也不行。

在烏托邦也有所得稅與增值稅，但是絕不超過一五%，尤其是增值稅，不得有任何豁免。我們也有皮古稅（Pigouvian taxes）——這是依二十世紀初，英國經濟學家阿瑟・皮古（Arthur C. Pigou）而命名——針對對社會造成負面影響的活動課徵。例如會造成污染的活動或工業，或是造成公共保健成本的活動（尤其是吸菸）。皮古稅就像罰款一樣，其稅收直接投入蒙受其害的公共部門，例如菸草稅直接投入保健服務部門。在我們的烏托邦中，毒品是合法的，不過統一課徵一五％的稅，稅收直接投入保健或是戒除毒癮的機構。

我們沒有企業稅，因為沒有必要。股利是依所得稅率來課徵，企業員工的所得也是一樣。企業稅為零可以吸引外資進駐。此外，企業必須負擔地點使用稅（Location Usage Tax, LUT）——我們在後面會談到此稅。

我們沒有國民保險、沒有資本利得稅、沒有遺產稅、沒有市政稅、沒有印花稅、沒有關稅、沒有業務費率、沒有電視執照費、沒有車輛執照費。機場稅與燃料稅都會減半，而且所有的稅收都會投入相關的基礎建設。

稅法的規模也大幅縮小，相對於英國現行的二萬一千頁，我們的與香港類似，只有三百頁左右。

降低稅賦最立竿見影的成效之一，是逃漏稅的情況減少——因為採取此一高風險行為的動機已經不在。與此同時，低稅賦也會鼓勵民眾依法繳稅。香港經驗也顯示低稅賦會促進海外投資增加。

地點、地點、地點：烏托邦的新稅

你也許會認為我的烏托邦只會減稅，不會開徵新稅。但是我認為有一項新稅相當重要。這是根據你所有擁有的土地所在課徵的稅。我將它稱之為地點使用稅。這是我所想到最公平的稅之一，有助於把納稅負擔從勞力轉至資本，從而促進生產力的提升。

此一構想可以回溯至十七世紀的重農主義者。重農主義意謂「自然政府」（government of nature）。財富有兩種，一種是由人類所創造，一種是大自然之母賜予我們的。房子是人類所建造，但腳下的土地、領空、周遭的環境與附近的礦藏都是來自大自然。人們所創造的財富應歸屬於創造者，但是自然的財富則應共享。如果你在一塊土地上蓋了一棟房子，你對土地有所改良，因你的作為所產生的結果當屬於你所有。但是土地本身一直就在那兒，其「未改良價值」應該所有人共享。

「人類並沒有創造土地，」啟蒙時代的哲學家湯瑪斯．潘恩在一七九七年寫道。「人類創造的只是其改良價值，並非土地本身，而那是個人財產……所有的地主都應該就其持有的土地向社區繳納租金。」

試想市中心兩塊類似的土地。一塊是未經開發的荒地，另一塊上則建有一棟豪宅。這兩塊土地都被課以相同的稅率。這狀況下，著重的是土地未經改善的價值。就算那棟豪宅價值一千萬美元，我們所考慮的也只是土地未經改善的價值。至於由那棟豪宅所帶來的財富，應屬於承擔風險的開發商或屋主。不過如果城市成長與居住的人增多，使得未經開發的土地增值，這樣的增值屬於坐享其成的財富，其中部分財富應該由大眾共享。許多土地的增值是因為政府將稅收用於在其周邊建造一條高速鐵路；這樣的增值並不是因為土地持有人的作為，而是在於某種社區活動，因此這種不勞而獲的財富應由大眾共享。

如果你打算獨占使用一塊土地，並且要求政府保護你對這塊土地的持有權，你就應該根據該土地未經改良的價值向社區繳納相關費用。你必須就該土地在未經改良情況下的年租金價值繳納一定比率的稅額。如果房子價值四十萬美元，土地本身價值十萬美元，那麼你在公開市場買下這棟房子可能需要五十萬美元。這塊未經改良，價值十萬美元的土地年租金可能是一萬美元，因此，你要獨家使用此一土地的應付稅額便是一萬美元的一定比率。如果土地附近蓋了一座火車站，該土地價值可能會增至二十萬美元，其年租金可能也會上升至二萬美元，你應付稅額也會因此增至二萬美元的一定比率。

十九世紀的經濟學家亨利．喬治（Henry George）大力主張此稅，因而聲名大噪。他將之稱為「單一稅」，他認為該稅應該取代其他所有的稅。他在一八七九年討論此稅的著作《進步和貧窮》（*Progress and Poverty*）風行一時，賣出數百萬本，是當時美國最暢銷的書籍。他的一位粉絲甚至還發明了一種遊戲，教導人們有關擁有土地的風險，即眾所周知的「大富翁」（Monopoly）。

今天喬治的單一稅就是我們所謂的地價稅。不過我不喜歡此一名稱，因為感覺上是由鄉間地主繳納大部分應由居於市中心、擁有精華地段的企業或地主所該承擔的稅賦。這就是我為什麼喜歡「地點使用稅」的原因。實際上，這是一種消費稅，你所使用的土地價值愈高，你繳的稅就愈多。

這並非十七世紀哲學家或十九世紀經濟學家異想天開的主意。此稅制實際上可行，而除了香港還會是哪裡？香港的稅收大約有四〇%都是來自土地的價值。該城市擁有所有的土地，並將其出租。這樣一來，土地的價值不論是來自產業的發展、或是人群的聚集，都能夠由大眾共享，而不是被少數有幸擁有精華地區的人所獨占。當地政府過去保留了香港七五%的土地，僅有二五%用來建設。(1)

新加坡、台灣與韓國也都有某種形式的地價稅。此稅收幫助他們發展經濟，並讓他們得以減輕其他的稅賦。孫逸仙是一九一一年建立中華民國的第一任大總統。這位「國父」的成長期在香港度過許多時光，他是此一原則的忠誠信徒。今天的中國鮮少公然出售土地，不無可能即是採取此一路線。

不幸的是，要在英國實施這樣的稅賦難如登天。

大衛・勞合・喬治與溫斯頓・邱吉爾曾在一九〇九年試圖於英國開徵地價稅。「道路已經建成、街道也已鋪設、服務有所改善、電燈使得黑夜變成白晝，用水也自數百里外山區的水庫引入，然而這一切，地主只是坐享其成，」邱吉爾在下議院大聲疾呼。「每一項進步都是來自勞工與其他人的犧牲，以及納稅人的貢獻。沒有一項是來自地主，然而他的土地價值卻因此而增加。他對社區、社會福利，以及讓他財富增加的進步，沒有絲毫貢獻。」但是成員大部分為地主的上議院否決了此一法案。今天任何想讓類似法案通過的可能性也不大，除非能夠明確地表明它可以取代其他的稅賦。

不過這是烏托邦，我們可以為所欲為。我們的社會不要無所事事的屋主，只是坐享房價上漲，卻犧牲了下一代的幸福。我們要的是生產力得到獎勵，而非不勞而獲的社會。正如約翰．史都華．彌爾（John Stuart Mill）所說的，我們的烏托邦沒有地主容身之處，因為「他們連在睡覺時都會變得更加富有。他們不必工作、不必承擔風險，也不懂節約之道。」他表示，土地價值的增加，是來自整個社區的努力，因此應該屬於社區所有——而不是可能擁有此一土地的個人。

烏托邦的社會應是這樣的。

針對所有的土地，每一塊都會評估其未經改良的租賃價值——亦即該土地尚未經過開發的價值：沒有建物、沒有村落，也沒有工廠——只是土地。我們並不是評估哈洛德百貨公司（Harrods）或是布隆明岱爾百貨公司（Bloomingdale）的價值，而是它們所坐落的土地的價值。如此一來，土地的所在地點就比租賃價值更具有意義。在偏遠地區的土地，沒有任何規劃，可以想見其租賃價值也不高。在城市中心精華地段的土地，周邊有完善的公共建設，其租賃價值勢必直上雲霄。

土地登記處會記錄每一塊土地的所有人。(2)地主要繳納年費，數額是該土地未經改良租賃價值的一定比率。至於比率是多少？端看你所想要的社會是什麼樣子。如果你想要大政府與大支出，你所負擔的比率就會較高。如果你要的是小政府與小支出，比率就會較低。徵收的比率，可以經由政黨間的辯論而定，也可以由選民投票決定。

米爾頓．傅利曼極力擁護低稅賦。他將地點使用稅（地價稅）稱為「最不惡劣的稅」。我們很容易就可看出其中原因。LUT不是針對生產力課稅，而是針對不勞而獲的財富。它相當易於管理——只要確立制度，主管當局唯一的工作就是每年評估土地價值。此稅根本無處可逃。你無法隱藏土地，土地也無法遷往海外。土地登記處都登記有地主的名字，他們有責任繳納LUT。此稅是透明的，不像債務、通膨或其他隱形稅，人民可以直接感受到政府支出的效果，因此也會迫使政府在支出上承擔更重的責任。這是解決無法對跨國數位無形標的課稅問題的最佳方法。無論你的軟體智慧財產權是登記在巴拿馬的一家公司名下，或是你的伺服器是在冰島，一旦你的數據中心是使用這裡的土地，或是你是使用這裡的頻寬，又或是你將總部設在這裡，你就必須與他人共享你專用的社區自然財富之未經改良租賃價值（附帶說明一下，地點使用稅並不只是專屬於土地，而是該土地所有的自然財富資產，包括領空、礦藏，甚至廣播頻譜）。

此稅也可促進土地的有效利用。那些持有未開發土地等待升值的地主——這種手法叫作土地儲備——都會被迫立即使用土地，或是把土地賣給有意願使用的人。基於相同的原因，此稅也會壓制房地產的投機炒作，這些活動多年來造成多次經濟崩盤。

土地是最基本的財富，卻也是分配最不公的。放眼世界，有一些少數的人、企業或政府，在城市與鄉間擁有多到不成比率的土地。巴西、西班牙與英國是全球土地分配最不公平的國家。地主不僅沒有就他們所使用的土地繳稅，甚至還獲得政府各種形式的補貼，尤其是在英國與歐洲。這些補貼金主要都是來自勞工所繳納的稅金。我確信大部分的勞工都希望成為地主，但是到頭來他們所繳納的稅金卻成為地主的補貼。這無異於勞工在間接資助地主，也難怪兩者間財富差距愈來愈大。

地點使用稅不僅改變了我們對土地與土地所有權的想法，同時也因為獎勵與刺激的不同，進而改變了社會的觀念與作為。在烏托邦中，努力才會獲得獎勵，土地儲備可不行。

迄今為止，沒有一個國家是單純實施地點使用稅——即取代其他所有的稅賦。不過以其取代部分稅賦的國家——不僅是香港、台灣與韓國，還有丹麥、紐西蘭、波札那、愛沙尼亞與澳洲部分地區——經濟表現都高人一等。

我們的烏托邦主張地點使用稅應占政府稅收的三分之一，至於其餘的則是來自所得稅、增值稅與其他稅收，包括前面所提到的皮古稅。不過，如果有某些地方願意的話，也可以只課徵地點使用稅，不課徵其他的稅賦。各地區可以自行制定地點使用稅的稅率。我們將此一權力下放至地方行使。

我們在這裡借用瑞士與斯堪地那維亞的模式，即當地大部分的稅賦都是由地方來決定與課徵。如此一來，課徵與使用稅收的主管機構必須承擔更大的責任，同時也有助於透明度的提升：人民可以監督政府如何使用他們的稅金，而不是眼睜睜地看著稅金在國庫中消失不見。在烏托邦裡，城市與各地方能夠自行決定他們的稅務政策與稅率。大部分的稅務權力都下放至各地方。

其效果將是帶動各地區在稅收上的競爭。亞當．史密斯那隻看不見的手，也可由此伸進政府，帶入競爭、責任與選擇。擁有最佳稅率的地區將會蓬勃發展。效果最佳的政策則會受人仿效，而沒有跟進的則會遭到淘汰。如果一個地區的政策是高稅賦與高支出，另一個地區則否，便可能會出現這樣的結果。時間將會證明哪個才是最好的政策。一個負責任的地方政府，要比中央政府更能夠因應新環境。

烏托邦也將採用付費訂閱的現代商業模式。

公共服務如何利用付費訂閱

直到一九九〇年代，你只能購買報紙、音樂與影片的實體形式。數位化意謂媒體可以快速而便宜地複製，同時不會損及品質（遠優於黑膠唱片、卡式錄音帶、電視與錄影帶），並且能夠自由且立即地散布。自此之後，人們開始逐漸停止購買報紙、雷射唱片、光碟與其他「實體」媒體。然而，一個矛盾的現象也由此而生：人們對於內容的消費不減反增——他們比以前閱讀更多的文章、聆聽更多的音樂與觀看更多的影片——但是內容創造者的收入卻是大減。內容價值大跌，有些甚至跌到一文不值。而拯救此一行業的是付費訂閱。

二〇一〇年，《泰晤士報》成為英國第一家建立付費牆的主流報紙。不久之後，它的網站人數銳減九〇%，備受嘲笑。然而到了二〇一四年，《泰晤士報》出現二〇〇一年來的首次獲利。截至目前為止，英國主流報紙中，只有《衛報》仍是對外開放。它的作者或許會喜歡這樣的平台，因為相較於其他的記者，此一平台更能突顯他們的存在，但是該報多年來也一直處於流血經營狀態。只有在二〇一九年時，經過大刀闊斧地裁減成本、請求客戶伸出援手與增加訂閱之後，才小有獲利。付費訂閱彌補了流失到臉書與谷歌的廣告收入。許多小型刊物拜付費訂閱之賜，已經蓬勃發展起來，尤其是銷售建議型的刊物。

音樂產業的模式也不得不重塑。現場演出有助於其生存（現場活動也成為許多報紙營收的主要來源），不過付費訂閱也是功不可沒，不論是 YouTube 頻道，還是如 Spotify 這類靠人們支付月費來收聽音樂的串流服務。

付費訂閱最成功的可能是電視了，先是 Sky 與 HBO，接著是網飛、亞馬遜 Prime、BT 與 Now TV，把好萊塢的電影品質帶進小螢幕。當代我們許多最好的影片都是來自電視。

記者安德魯．威爾許（Andrew Willshire）指出，在二十年間，這些產業經歷了從

「支付」到「免費」到「危機」，再到「付費訂閱」的旅程。他認為我們的公共服務也踏上了相同的旅程。

直到一九一一年的《國家保險法案》與第一次世界大戰，英國的教育與醫療保健通常由個人透過友誼會直接支付。當時的社會，慈善機構與教會為貧苦人家提供保健、照顧與教育等方面的支援，不過同時也期待每個人都能盡其所能地貢獻一己之力。隨著政府成為保健照顧與教育的提供者，個人支付與接受公共服務間的連接也告中斷。我們從「付費期」來到「免費期」。然而，今天公眾對這些服務的需要與對相關品質的要求，都已超越政府及其稅收的能力。很少有人想要提高稅賦（至少不是那些必須繳納稅賦之人），但是大部分的公共服務都嚴重捉襟見肘。我們幾乎每週都能看到某項公共服務陷入財務危機的消息，然而居高不下的公共債務，代表這樣的問題要獲得解決看來遙遙無期。根據威爾許的週期理論，我們現在是處於「危機」期。

在經濟的其他領域，付費訂閱已是很平常的事。我們會選擇我們想要追蹤的推特、臉書或 Instagram 人事物。我們可以選擇我們想看的電視節目或是想聽的播客。我們可以選擇我們的服務提供者，然後繳納我們的行動電話費、我們的寬頻費、我們的有線電視費、我們的音樂下載費、我們的新聞費、我們的健身費、我們的保險費等等。即使我們在某個月沒有使用這些服務，通常也不會要求退費。付費訂閱現在已相當普遍。消費行為已經改變。

大部分的付費訂閱模式都是以統一費率來支付基本的服務——不過基本服務往往是免費的。此外，還有需要額外支付費用的選擇性服務。例如我們只能在離峰時段使用健身房，若是要在尖峰時段使用，就需要額外支付費用。如果我們在這個月需要打較多的電話，或是想看特定的運動競賽項目，我們就會額外多付一些費用。有時候，這些「一點點的額外費用」可能並不只是一點點，儘管供應商所花的成本很少。飛機與火車的頭等艙票價就是一個很好的例子。在許多情況下，額外支付正是獲利的主要來源。

這是付費訂閱機制的運作模式，我們來看看如何將此模式運用在烏托邦上。

在我們的烏托邦裡，所得稅涵蓋了所有形式的所得——股利、薪資與租金——將以一五%的統一稅率課徵。此一單一的所得稅容易管理，而且由於稅率較低，也有助降低逃漏稅的情形。我們會取消所有的個人免稅額，取而代之的是，每個人都可以獲得無條件基本收入，此一收入將依據單一的所得稅予以課徵。如此一來，社會福利與稅賦的運作便得以簡化。

單一所得稅的稅收將分為多個付費項目，特定的稅收只會使用於特定的支出項目，經濟學家將之稱為「稅收質押」（hypothecated taxes）。如此一來，我們將能夠知道「這些稅收是用在這項服務上」，公共支出的透明度也因此大增。稅收的分配可以由內閣決定，也可以經由政黨的辯論或選民的投票來決定。

第一筆訂閱會是「社會成員資格」，支付政府的基本支出——國防、基礎建設與警察等等。第二筆是著重於分配——社會福利與退休金等等，第三筆是教育，第四筆是保健與相關的社會服務。

針對每一筆付費，政府都會提供詳細的說明——軍隊的規模有多大、NHS的治療與用藥是什麼，有哪些學校等等。任何超過基本水準的服務都需額外付費。根據納稅申報表可以看出所有的公民對各項服務的付費都是均等的，低所得者會受到補貼，高所得者則可以清楚了解其稅金會用在何處。

事實上，從生活的各個層面都可以看到付費服務的方興未艾。你也許不願意多繳稅，但是你會很樂意多支付一些錢來換取醫院的單人房或是較好的伙食。這些額外的稅收會直接返還其服務，這也正是最需要資金的地方。威爾許稱其為「自付額」。自付額的模式要成功，額外付費的服務價值必須明顯超過提供此一服務的成本——例如頭等艙的火車或飛機票價通常是普通座的兩倍以上，儘管這些座位的成本並未達到此一水準。人們會自願付出額外費用（通常是較有錢的人）來換取實質利益，同時也為他人提供服務補貼。如果來自自付額的收入可觀，單一所得稅的稅率甚至可能調降。由此也創造了一套自動自發且進步的稅制。

自付額模式也可恢復許多公共服務長久以來所缺少的買家—賣家互動關係。舉例來說，就現狀而言，NHS的許多使用人都會臨時爽約，或是惡劣對待醫護人員。另一方面，醫師也可能會提供劣等的醫療服務而不必負擔任何責任。

反觀商業部門，你在大部分的商店與餐館，都可以由一心想取悅你的人身上獲得快速而優質的服務。服務提供者全心全意對你負責，因為你是顧客。為了增進銷售量，製造商會設法生產最好的產品。如果你所得到的服務與產品品質低劣，你就不會回訪，或是給予負評。而交易方那邊，如果顧客行為惡劣，他們可能會被列入不受歡迎的名單之中，他們的名譽也會受損。如此的互動關係可以強迫規範參與者的行為。買家規範賣家，賣家也規範買家。這樣的關係再自然不過，而且能夠持續帶動改善。

付費服務與自付額的制度也容許慈善機構的捐贈與私營部門的參與。當地的慈善機構可以提供自付額來幫助殘疾人士獲得額外的服務，保險業者也可以出售保險來補足額外服務的費用。這樣的制度具有足夠的彈性，以因應科技取代政府服務的未來新世界。

付費模式簡化了稅制與社會福利的提供，並且增加了政府運作的透明度；它提高了高所得者的稅賦，而且是在高所得者自願的情況之下，我們從而擁有一套自然成形的稅制，而不是政府獨斷獨行的累進稅制。沒有一套單一稅或稅制能夠滿足各方的需求，不過我希望此套根據香港模式的烏托邦稅制能夠接近這個要求。

我認為我們將稅制此一議題重新搬上檯面，意義重大：我們研究、討論與辯論稅制，就和啟蒙時代的人一樣。我希望我在本書中所提出的構想能夠有助稅制的改革。

稅賦是我們為後代子孫塑造世界的途徑。

歷史一次又一次地證明思維錯誤、思慮不周或是落伍的稅制所造成的慘痛後果。

我們需要更新與更好的稅制來因應二十一世紀的新經濟。

稅改是政治人物真正能夠改變世界的少數途徑之一。搞定稅賦，就能搞定社會。稅賦是零號病患。

讓我們開始吧！

致謝

本書的靈感來自於二〇一六年愛丁堡藝術節的一場喜劇秀《讓我們來談稅吧》（*Let's Talk About Tax*）。我本以為把它轉換成書是件輕鬆愉快的事——不過是一個程序罷了，殊不知耗費了我三年的大好時光。稅賦的歷史就和文明一樣久遠，我發現我是從稅賦的角度重寫整個文明史。噢！想到這裡，我必須感謝我的編輯馬亭娜．歐蘇麗文（Martina O'Sullivan）無窮的耐性。儘管我接二連三地拖延截稿期限，她從來沒有發過脾氣。我對馬亭娜當初在籌劃此書時的真知灼見銘感五內。

我也要感謝西莉雅．布祖克（Celia Buzuk）與珍．塞利（Jane Selley）在編輯上傑出的貢獻。

我要對我在《金錢周刊》的前老闆托比．布雷（Toby Bray）致謝，他一字不漏地看完我所有的著作，就像軍中教官一樣冷酷無情地刪去書中枯燥乏味的部分。

我要感謝羅傑．弗爾（Roger Ver）、達倫．瓊斯（Darren Jones），與KPMG的

梅莉莎・蓋格（Melissa Geiger）、克里斯・唐寧（Chris Downing）與艾迪・弗寧漢・史密斯（Ed Fotheringham Smith）對我的研究鼎力相助。

我還要感謝我的作家經紀人，菲麗希緹・布萊恩事務所（Felicity Bryan Associates）的莎莉・賀羅威（Sally Holloway）。她因為我一封碰運氣的電子郵件而在節禮日（Boxing Day）後一天與我簽約。（如果有任何新進的作者讀到這篇文章，建議你們在耶誕節與新年間這段安靜的日子，寄出你的文稿，這樣比較容易受到他們的注意。）

如果沒有我的喜劇經紀人克里斯帝安・諾爾斯（Christian Knowles）與維琪・馬修斯（Vicky Matthews）當初在愛丁堡藝術節安排我的喜劇秀，這本書根本不會問世。所以，為CKP起立喝采。

我不知道誰是這本書的公關，不過先謝謝你們為這本書的費心費力。

我特別要感謝蘇菲・泰勒（Sophie Taylor）的耐性。

如果不是我爹泰倫斯・弗斯比（Terence Frisby），我也不可能成為作家，他是他那一代最被忽視的劇作家。讓我們為他起立喝采。

我不能只感謝我爹卻不感謝我老媽，拜她那說謊成性的前夫（不是我爹）之賜，她最近兩年度日如年。這故事可以寫成另一本書，不過下回再說。

最後，有一位人士是我為這本書最需要感謝的。我經常拜讀他的研究，他激發了我對此一議題的興趣。他是美國稅賦歷史學家查爾斯・亞當斯（Charles Adams）。亞當斯在二〇一三年逝世，我們素未謀面，不過我相信我們在浩瀚的稅賦天堂終將相遇。

注釋

第一章

(1) 此一名言據信是在一六六五年左右出現，但是沒有見諸任何文獻，因此只能依當時情況將其歸於尚－巴普蒂斯特．科爾伯特。

(2) 這是根據網站 Measuring Worth 的數字，該網站主要是根據時間的推移來計算相關的價值。

Measuringworth.com：

二十先令的生活價值依歷史水準是一二〇．五一鎊。

勞工所得是二〇一〇鎊。

經濟地位價值是三四三一鎊。

經濟實力價值是二四〇四〇鎊。

我是用一對一．四來計算英鎊兌美元的匯率，而取其整數。

相關的數字可能會較高。

(3)「光天化日下搶劫」首次見諸文字是在一九一六年哈洛德．布里浩斯（Harold Brighouse）的劇作《霍布森的選擇》（*Hobson's Choice*），劇中角色阿達．費金斯（Ada Figgins）喊道：

「這是光天化日下搶劫」，意指收費之高，有如強盜搶劫。另有一說是來自強盜在光天化日之下攔路打劫。

第三章

(1)世人一直將此一成語歸功於班傑明·富蘭克林。此句出自他八十三歲時以法文寫給科學家尚－巴蒂斯特·羅伊（Jean-Baptiste Leroy）的一封信中之內容。不過該句首次見諸文字其實是在富蘭克林之前七十三年，出自一七一六年一部名不見經傳的滑稽劇《普雷斯頓的修鞋匠》。

(2)史上第一位蘇美王阿魯利姆（Alulim）據說與亞當和夏娃是同代人，他在位時間長達二八八〇〇年。

(3)精確數字難以計算。Booth and Bourne 認為是四四%，前國會議員道格拉斯·卡斯維爾（Douglas Carswell）認為英國是四六%。網站 Simple Financial Solutions 則是認為該數字應接近六五%。

(4)從前尿液可用來做日光浴、洗衣服，甚至刷牙。收集尿液成為一項頗為賺錢的生意，尼祿於是決定對其課稅。

(5)亞當·史密斯研究所的政府成本日是在六月二十四日，大約是在年中，免稅日是在三周前左右。假設一人的工作壽命是四十五年，有二十年以上都是為了繳稅在工作，不過並沒有精確的數字。

(6) 此一名言據信是出自美國最高法院法官小奧利弗・溫德爾・霍姆斯（Oliver Wendell Holmes Jr.）

第四章

(1) 有些歷史學家認為財產互換並不真正存在，但是狄摩西亞（Demosthenes，古希臘演說家與政治家）與色諾芬（Xenophon，古希臘作家，蘇格拉底學生）都曾提到。

第六章

(1) 此一土地稅是根據卡勒凱特（carucates，英國古代的土地丈量與估稅單位）之計算——八頭牛一年所犁過的土地數量。

第九章

(1) 包括所得稅與社會福利費——例如美國的薪資稅與英國的國民保險費——都是根據所得課徵。雖然僱主也要繳納部分薪資稅，但是大部分的負擔仍是落在員工的身上。

(2) 德國的社會福利費率特別高，達三九%。

(3) A：來自土地與建築的所得。B：農作收益。C：公眾年金。D：自主就業與未包含在

A、B、C或E項的其他項目。E：薪資、年金與退休金。

第十三章

(1) 其數字包括軍事總支出、退伍軍人與海外援助。

第十四章

(1) 此一名言首見於凱因斯的《和平的經濟後果》（*Economic Consequence of the Peace*）一書。凱因斯聲稱「據信是列寧所言」。列寧後來看了這本書，甚至有時還引用此句話（例如一九二〇年七月對第三國際發表的演說）。他從來沒有否認該句是他所說。凱因斯也曾用這句話作為他有關貨幣貶值論證的起點。

第十九章

(1) 樂施會的統計是根據《富比世雜誌》（*Forbes*）億萬富豪排行榜與瑞士信貸二〇一六年版《全球財富資料大全》（*Credit Suisse Wealth Databook*）底層五〇%的財富。

(2) 英國大部分的高階工作都是被這七%的私立教育學生所占據。

第二十章

(1) 不過今天的租賃制度並不完善。如果政府想要開發某處，會將該處土地公開招標。但是前期款的金額實在太高，只有最富有的開發商才負擔得起，而營建業也因此成為某種形式的壟斷事業。

(2) 目前英國還有一五％的土地沒有登記註冊，此稅的好處是讓土地的登記註冊率達到近百分之百的水準。

Next 0289

光天化日搶錢：稅賦如何形塑過去與改變未來？

作　　者—多米尼克・弗斯比 Dominic Frisby
譯　　者—王曉伯
主　　編—陳家仁
編　　輯—黃凱怡
企　　劃—藍秋惠
協力編輯—巫立文
封面設計—木木林
版面設計—賴麗月
內頁排版—林鳳鳳

總 編 輯—胡金倫
董 事 長—趙政岷
出 版 者—時報文化出版企業股份有限公司
108019 台北市和平西路三段 240 號 4 樓
發行專線—（02）2306-6842
讀者服務專線— 0800-231-705、（02）2304-7103
讀者服務傳真—（02）2302-7844
郵撥— 19344724 時報文化出版公司
信箱— 10899 臺北華江橋郵局第 99 信箱
時報悅讀網— http://www.readingtimes.com.tw
法律顧問—理律法律事務所 陳長文律師、李念祖律師
印　　刷—紘億印刷有限公司
初版一刷— 2021 年 5 月 7 日
定　　價—新台幣 420 元
（缺頁或破損的書，請寄回更換）

時報文化出版公司成立於一九七五年，
並於一九九九年股票上櫃公開發行，於二〇〇八年脫離中時集團非屬旺中，
以「尊重智慧與創意的文化事業」為信念。

ISBN 978-957-13-8830-4
Printed in Taiwan

光天化日搶錢：稅賦如何形塑過去與改變未來?/多米尼克.弗斯比(Dominic Frisby)著；王曉伯譯. -- 初版. -- 臺北市：時報文化出版企業股份有限公司, 2021.05
352面；14.8x21公分. -- (Next；289)
譯自：Daylight robbery : how tax shaped our past and will change our future
ISBN 978-957-13-8830-4(平裝)

1.稅賦 2.歷史
567.09　　110004187